# 高校篮球教学与训练实践研究

赵伟丽 ◎著

九州出版社
JIUZHOUPRESS

图书在版编目（CIP）数据

高校篮球教学与训练实践研究 / 赵伟丽著． -- 北京：九州出版社，2023.1
ISBN 978-7-5225-1656-1

Ⅰ．①高… Ⅱ．①赵… Ⅲ．①篮球运动－体育教学－教学研究－高等学校 Ⅳ．①G841.2

中国国家版本馆 CIP 数据核字（2023）第 022720 号

高校篮球教学与训练实践研究

| | |
|---|---|
| 作　　者 | 赵伟丽　著 |
| 责任编辑 | 杨鑫垚 |
| 出版发行 | 九州出版社 |
| 地　　址 | 北京市西城区阜外大街甲 35 号（100037） |
| 发行电话 | (010)68992190/3/5/6 |
| 网　　址 | www.jiuzhoupress.com |
| 印　　刷 | 北京四海锦诚印刷技术有限公司 |
| 开　　本 | 787 毫米 ×1092 毫米　16 开 |
| 印　　张 | 11.5 |
| 字　　数 | 270 千字 |
| 版　　次 | 2023 年 1 月第 1 版 |
| 印　　次 | 2023 年 1 月第 1 次印刷 |
| 书　　号 | ISBN 978-7-5225-1656-1 |
| 定　　价 | 58.00 元 |

# 前　言

篮球是一项对抗激烈、对技战术水平要求较高的、在我国群众性普及较好的一项综合性运动项目。经常参加篮球运动不仅能增强体质，同时还能满足人们的心理需求，丰富业余文化生活。篮球运动是高校体育教学的重要内容，大学生通过学习篮球动作，不仅可以了解骨骼、器官、肌肉、韧带和肌腱带动人体运动的原理，还能够提高身体素质、改善跳跃技能、提高技战术水平，获得良好运动表现。因此，篮球运动教学与训练实践至关重要。

基于此，本书以“高校篮球教学与训练实践研究”为题，共设置六章，第一章阐述篮球运动的发展与功能、篮球运动与高校体育文化、篮球运动的规则与竞赛组织；第二章探讨高校篮球教学的理论基础、高校篮球教学的理念创新、高校篮球教学的内容创新、高校篮球教学的方法运用；第三章分析高校篮球运动技术教学与训练，包括脚步移动与位置技术教学训练、运球与传接球技术教学训练、持球突破与投篮技术教学训练、防守与抢篮板技术教学训练；第四章研究高校篮球战术原理与基础配合、区域联防与进攻区域联防教学训练、固定战术进攻配合与混合防守教学训练、半场人盯人防守与进攻半场人盯人教学训练、全场紧逼人盯人防守与进攻全场紧逼人盯人教学训练；第五章通过篮球专项力量训练、篮球耐力素质训练、篮球速度素质训练、篮球灵敏素质训练与篮球心理素质训练，探讨高校篮球身心素质训练；第六章从微课程、虚拟现实、新媒体与人工智能角度，探究互联网背景下高校篮球教学与训练的创新应用。

全书通俗易懂，结构层次严谨，条理清晰分明，从篮球运动的基本概念出发，循序渐进地对篮球运动教学与训练进行解读。另外，本书注重理论与实践的紧密结合，对体育教育具有一定的参考价值。

笔者在撰写本书的过程中，得到了许多专家学者的帮助和指导，在此表示诚挚的感谢。由于笔者水平有限，加之时间仓促，书中所涉及的内容难免有疏漏之处，希望各位读者多提宝贵意见，以便笔者进一步修改，使之更加完善。

# 目录 Contents

# 第一章　篮球运动概述

## 第一节　篮球运动的发展与功能

### 一、篮球运动的发展

球是人类社会文明发展中娱乐、比赛、健身的主要工具之一。在我国唐、宋时期就已有以球为中介物的各种游戏活动。当时球被称为“鞠”，当时的“鞠”是由各种材料做的球体，人们可以用手、脚或专门的工具去接触“鞠”。篮球运动是直接用手来接触球的，我国古代的“手鞠”与现代的篮球运动有着密切的关系。

现代篮球运动发源于美国，由人数相同的两方队员展开攻、守对抗，将皮球向篮筐中投，投中的一方可以得一分。然后再重新抢球，抢到后再投。由于是向悬空的篮筐中投球，因此人们便形象地把活动命名为篮球。

进入 21 世纪后，随着篮球运动的发展，篮球运动作为一种全球性社会文化，将进一步在世界范围普及和发展，从而形成具有大众性、科技性、竞技性、产业性和艺术观赏性的社会特殊文化形态。

现代篮球运动的发展趋势主要为：大众篮球运动在全球普及，竞技比赛文化氛围全面提高，尤其在发展中国家，这种运动性文化色彩将成为社会生活的特殊组成部分，尤其是随着群众业余篮球活动的迅猛开展，篮球运动的爱好者越来越多，篮球运动的健身娱乐价值迅速提升。

篮球运动在学校的健身、教育功能更加显著，活动形式开始多样化，业余的篮球组织、篮球幼苗的培养将会成为学校教育的一部分；由于职业篮球赛事对社会经济的影响加大，现代篮球运动的商业和社会价值被逐渐关注和开发，由于参与人数多、观赏性强等特点，因此引起了政府、社会和企业等的关注。来自政府及社会的较大投入极大地改善了篮球运动的环境。特别是美国职业篮球联赛（下文简称 NBA）在全球的显著影响，促使职业篮球运动在全球不断拓展，商业化气息加强，观赏性更浓，职业篮球比赛日益成为新兴的产业，与之相应，篮球竞赛的规则与制度也将为适应篮球运动产业的发展而发生变革。篮球的观念将会改变，高科技进一步融入篮球运动的理论与实践中，篮球运动会形成新结构、新体系。从篮球比赛中可以看到，世界高水准的篮球队的队员普遍身材高大、技术高超，比赛的节奏更快，强队之间的差距很小，强队队员的身份既是国家队队员又是 NBA 球队的球员，使得篮球运动出现新的格局和特点。

### （一）篮球运动的智能化发展

篮球运动强调运动员的智慧，即要求运动员、教练员掌握科学文化，形成个性化的独特篮球智慧，这就是篮球运动的智能化发展。

作为一门重要的体育学科，篮球运动并不是单一的体能运动，其理论基础包含哲理、矛盾理论。解决矛盾的有效办法就是靠知识、靠智慧，未雨绸缪、随机应变。因此，对于篮球运动来说，优秀的体能固然重要，手段灵活、谋虑周全的智慧大脑也同样重要。世界上每一位成功的篮球运动员都不是只凭一身蛮力去打球，而是用智慧在打球，基本都走过擅长打篮球—用智慧打篮球—用意识打篮球—用灵感打篮球的成功之路。一个合格的篮球运动员必须通过一场智勇双全的篮球比赛使自己给别人留下深刻的印象。

发展到现在，篮球运动对抗愈来愈激烈，运动员在比赛中的对抗和碰撞越来越多，运动员只有有胆识、有智慧、有技艺、动脑子、善思考，才能不断超越自我、充实自我，才能提高自己的技能水平。总体来看，篮球运动的智能化发展是不可阻挡的。

### （二）篮球运动的高度化发展

篮球运动高度发展指的是以运动员自然身高及滞空能力为重点推动篮球运动发展。不高无优势，不但是人们公认的篮球运动竞赛客观认知，而且它也说明了高度对篮球运动的重要性。21 世纪现代篮球竞技比赛实际上仍是身高、体重、体能、力量和滞空技巧间的比拼。不过，这里的高，并不单纯指运动员的身体高度，而是要求具有身高优势的运动员，在激烈的空间拼夺中，发挥身高优势的同时要具有强悍的爆发力，并灵活运用。世界上成功的身高突出的篮球运动员无不都集合了高、壮、快、巧、准的特点。现代篮球竞技重要表现为高智慧、高形态、高速度、高体能、高强度、高空配合、高比分。

现代篮球运动的高度化发展主要表现在以下方面：

第一，大力加强力量和弹跳能力锻炼，重点提高运动员的滞空能力，不管是攻还是守，使运动员都能保持最佳的滞空状态。身高优势突出的运动员的增多、不断提升的滞空能力都使空间上的拼抢更加火热化，也为现代篮球运动的技术和战术发展提供了更多的发展空间，运动场面也更加异彩纷呈，如防守时的空间封盖与拼抢、进攻时立体型的空间配合和超高度的不同角度的技巧性扣篮等。

第二，重点培养身高优势突出的运动员多方面综合素质。为了增加高空对抗、立体空间与地面空间拼抢优势，必须加强高、壮、快、巧体能素质训练；为了增强运动员间的战术配合以及灵活应变，必须强化运动员力量、弹跳、速度和个人技能与能力个性发挥。

现代篮球运动赛场上的双方对抗日渐激烈，如果想占有一席之地，则运动员必须能够快速转换攻防角色。大部分优秀教练员都将具有身高优势的运动员的特长训练与智慧、体能训练视作同等重要，使他们不受身高局限，小个子运动员的动作也能做，能攻能守，能快能慢，战术灵活。

## 二、篮球运动的功能

### （一）教育功能

篮球教学是学校体育教育的重要内容。体育的教育功能突出表现为它被世界各国纳入教育体系之中，成为我国小学一直到研究生阶段，学生必修的基础学科。体育独具一格的教育功能，不仅在培养学生掌握科学锻炼身体的知识、方法和技能，养成长期自觉坚持体育锻炼的良好习惯，在促进心理、身体的全面发展等方面具有良好作用，而且还有助于培养学生勇敢顽强的性格、超越自我的品质、迎接挑战的意志、承担风险的能力，有助于培养学生的竞争意识、协作精神和公平观念，有助于弘扬集体主义、爱国主义精神，增强国家和民族的向心力、凝聚力。而篮球运动是学生们最喜爱的体育运动项目之一，篮球运动对学生来说具有发展其个性、完善人格的作用，是“情商教育”的最佳形式之一。

### （二）竞争功能

运动场是和平时期的战场，其突出的特点就是竞争。特别是到了近代，以奥林匹克运动为代表的世界体育竞赛活动，竞争异常激烈，不仅大大推动了体育运动的普及和发展，还促进了人类社会政治、经济、文化、教育、科技的进步。许多哲学家早就把运动场当作社会的一个缩影，运动场本身就是一个特殊的社会环境。人们通过参加各种形式的运动竞赛，能有效地培养顽强的意志、竞争意识和拼搏精神，提高心理承受能力，以适应现代社会的发展要求。

### （三）娱乐功能

生产力的高速发展带来了生产率的不断提高，人们的工作时间减少，休闲时间越来越多；篮球运动以其特有的娱乐性，吸引着越来越多的人，使它成为人们度过余暇时间一项必不可少且饶有兴趣的活动。现代篮球运动，特别是职业篮球联赛，其技艺日益向高、难、新、尖的方向发展，使健、力、美高度统一起来，从而产生一种使人赏心悦目的竞技运动之美。人们在紧张的工作、学习之余，通过参加篮球运动或观看篮球比赛，可以放松神经，调节心理，获得积极性休息，增强体质，这不仅有助于疲劳的恢复，而且也是精神上的享受。

#### （四）医疗功能

体育的医疗功能与防病治病有关，人们很早就对体育能防病治病、强身健体的医疗作用有明确的认识。特别是随着科学技术和经济的高速发展、生活质量的不断提高，人们的体力劳动、家务劳动随之减少，而脑力劳动相应增加，片面性发展加剧；膳食结构中肉类食品增多，脂肪吸入量增大，给人的健康带来了严重威胁。由于运动不足、生活节奏加快、余暇时间增多，因此导致肥胖症、高血压、高血脂、心脏病、神经衰弱等现代“文明病”的发病率显著上升，使人们深感忧虑。于是人们纷纷从事长跑、体育舞蹈、武术等体育活动来防病治病，以提高健康水平。“长期以来，篮球运动是作为健身强体的游戏项目和挑战人体极限的竞技运动项目而存在和发展的。”① 篮球运动以其独有的魅力成为最受人们欢迎的项目之一，因为篮球运动的参与不受人数限制，运动量的大小也可自行调节，因此篮球运动的医疗保健功能在现代社会中已日趋突出。

## 第二节　篮球运动与高校体育文化

### 一、篮球文化与高校体育文化

#### （一）篮球文化

从广义来讲，篮球文化是指以篮球运动为表现形式的展现体育价值观与社会道德修养的运动；从狭义来讲，篮球文化是指通过篮球运动所领略到的运动精神、战术思想，来促进运动者身心的全面发展，社会发展以这种精神为核心呈现出来。由此可知，篮球运动的文化意义包含了篮球的个体性和社会性、全球性和民族性、开放性和艺术性、特殊性和全面性、积累性和放开性。

篮球是运动者与观看者的行动方式及思维方式的综合，也是篮球技巧、知识、规则和习惯的概括。篮球运动的中心价值观念是达成整体认知的共识。从本质上来讲，是篮球与人的精神的结合。篮球运动是由篮球运动参与者的行为文化、自主的观念共同形成的，其

① 薛岚. 论篮球运动的健身功能与方法［J］. 北京体育大学学报，2003（04）：566-568.

不仅拥有意识形态的硬文化，也拥有物质形态的软文化。

## （二）高校体育文化

### 1. 高校体育文化的内涵

高校体育文化的内涵主要包括以下三个方面：

（1）物质方面。高校体育文化从物质来说代表了高校文化整体精神面貌，是体育制度方面和精神方面的标志。体育场和体育设施的建设、健身器材、体育活动的支出、体育教师的体系的构成与分发的体育书籍、教材、多媒体资料等都归于高校体育文化物质方面的范围。

（2）制度方面。高校体育制度是在体育实践中产生的，在条文规定与大家的认同下成长的，在体育教育实践中发展和形成的。高校体育制度主要表现在物质方面和精神方面，是高校体育文化可以顺利进行的保障。

（3）精神方面。精神方面是高校体育文化的中心，它包括体育文化、体育精神、体育概念、体育风貌、体育方向、体育修养等。体育精神是大学生们的体育精神意识形态和生活方式的反映，其主要在两个方面产生作用：一是作为引导标识的作用，能培养大学生正确的体育意识；二是有利于高校大学生形成品质优良、遵守法律、互帮互助的品质。

综上所述，高校体育立足于物质、制度、精神三个方面，这三个方面构成一个整体，缺少其中任意一点都不能独立存在，三个方面相互扶持、相互促进。物质为基础，制度为保证，精神是中心。

### 2. 高校体育文化的特点

高校体育文化既是社会文化的一部分，又是高校文化的反映；既受社会文化的限制，又拥有自己的特质。高校体育文化的基本特点如下：

（1）独立性与客观性。高校体育文化是在实操过程中慢慢形成的，是历史文化的良久积淀，在学校与社会的合作中成型，总的来看是独立的、客观的。

（2）连续性与继承性。高校体育传统与风气是指一所学校在体育运动方面形成带有普遍、相对稳定和重复出现的一种整体风尚，它既是高校教学的一种气氛与环境，也是老师和学生共同建造的高校文化。大部分人认为，传统一般指纵向性继承，风气则更多是指横向性传播。高校体育文化的形成主要看高校体育传统与体育风气。高校体育文化不能在短时间之内形成，而需要长时间的积累和坚定不移的努力。

（3）闭合性。从组织层面来看，校园是一个组织，它是由内部的一个个小组织组成的。高校体育文化的闭合性主要体现在两个方面：一是给予了高校文化内容的更新，并将内容发展起来；二是产生了闭合性的特点，比如：学校中年级、班级、专业的不同，形成了固定的活动群体、单独的活动群体与相对闭合的体育范围。

（4）动态性。高校体育文化的主体是在校大学生，他们正值体育锻炼最好的年龄，活力足、精力旺、喜欢锻炼，而不喜欢安静。他们在生活中可以将体育锻炼作为生活的调节剂，了解并体验各种各样的体育项目。在学习任务繁重、学习时间紧迫的时候，体育锻炼能对学生们产生积极的影响，有着控制学生的生活节奏、减轻压力、适当放松、陶冶情操等作用，也使校园内充满了正能量。

3. 高校体育文化的功能

（1）促进高校学生身体与心理的发展。高校体育文化主要的作用包括：①改善和提高学生们中枢神经方面的工作能力；②有效地促进学生机体的生长与发育；③增强学生们的运动能力；④提高学生的身体机能；⑤调节学生们的心理，让学生们充满活力，朝气蓬勃。

（2）规范高校学生的思想道德水准。高校体育文化是一种集体文化，依赖于集体之间的合作与共同维护，同时又对个体产生反作用，使个体将集体作用当作对自身的高标准。高校体育文化类型多样，不断使高校学生产生好奇心，从而参与其中。高校体育文化活动运用评分、排名、奖赏等形式，活动中通过专业人员或教师的评分，最后的优胜者可以获得最终的奖励。体育赛事既增强了学生的竞争意识，又培养了学生积极进取的精神，及时纠正或防止了学生们产生的不良习惯，对学生优秀品格的培养具有很大的作用。

（3）加强高校学生智力水平发展。高校体育文化对于学生的智力开发具有明显效果：①卓越的身体素质是健康成长的必然要素；②通过锻炼身体，学生能产生敏捷的洞察力与灵活的思维思考方式、良好的注意力和记忆力；③可以通过锻炼使学生们休息，减缓眼部疲劳，减轻头脑压力，提高学习效率，从而有个健康的身体。

（4）提高学生的体育审美意识。体育运动是健身与审美融合在一起的活动。经常参加体育活动的学生一般身材更匀称、身体更健康、动作更敏捷、姿态更端正，这不仅是身体素质良好的反映，更是人体魅力的体现。体育文化有着丰富的内容与独特的形式，能培养学生们在动作上、姿态上、心灵上、形体上都产生一定的美感，令学生们建立更高层次的审美，增加美感的品鉴能力。

（5）培养学生优良品质。体育运动不是一个简单又快捷的过程，在进行体育活动时，学生们必然会遇到困难或者受伤。这需要学生努力地克服，越过困难与阻挡前进的障碍，才能享受体育带来的回馈。通过体育活动，学生可以磨炼自己各种优秀品质并提高身体素质。

（6）有效培养学生团结进取和爱国精神。高校体育文化活动是以集体为中心进行活动，不只有在场上奋力拼搏的学生，还有在场下做后勤工作的同学、为竞技学生打气加油的啦啦队。通过这样的集体活动，可以在竞争荣誉的同时，还能感受到作为集体队员的自豪感，使同学关系亲近，关系和谐，形成以集体为中心的荣誉感。高校学生可以通过各种渠道观看世界各国联赛、奥运会等，在自己国家运动员得到胜利时，同学们都会感到激动与自豪，增加了同学们的爱国精神。

随着经济和文化的不断变化发展，国家对教育的重视力度不断加强，特别是精神文化方面，高校又是为国家培养和输送人才的基地，而且它对大学生正确人生观、价值观的树立、道德风尚的培养和形成等方面有着很重要的影响，更是得到越来越多人的密切关注。篮球运动在传入我国后便以它独特的魅力和良好的运动价值得到迅速的传播和发展，具有较好的群众基础，而且篮球运动一直是高校中最普遍最受欢迎的体育运动之一。篮球运动是团体项目，需要球员不断地拼搏、努力创新，队友间的团结协作，对手间的相互尊重、互相超越，对裁判和规则的尊重和遵守，这些要求和信念都植入到篮球队员以及相关人员中，这些精神文化元素也是校园精神文化建设的核心。

## 二、篮球运动对高校体育文化的影响

### （一）体育道德方面

第一，篮球运动对大学生集体主义品质的影响。篮球运动是一个集体项目，需要队员之间的团队协作和密切配合。在比赛中每个团队代表的是某个组织、某个班级、某个院系等，所以在比赛时，运动员代表的不仅仅是个人的荣誉，更重要的是背后这个组织，这是集体的荣誉，这就使运动员在比赛过程中更加注意团队的配合，不会出现个人表演秀或单打独斗的现象。当队员完全投入到激烈的比赛中时，观众以及啦啦队也会融入比赛中去，一起为自己所支持的运动员、团队呐喊助威，提高团队的气势，给予运动员精神上的支持和鼓励，促使运动员取得更好的成绩。

第二，篮球运动对大学生公平竞争品质的影响。任何体育赛事都要以“公开、公平、公正”的原则作为比赛的基本准则。篮球运动也不例外。公平竞争的精神品质不仅是指在比赛中倡导“公开、公平、公正”的行为准则和竞赛道德，同时也指在比赛中不畏强敌、敢于竞争、敢于胜利的优秀品质。篮球运动不仅有利于培养大学生公平竞争心理和意识，还能培养学生的体育道德和竞赛道德，公平、公正地比赛，尊重裁判、尊重对手。

第三，篮球运动对提高大学生组织纪律性的影响。在篮球赛事活动中能够体现学生的组织纪律性，这主要表现在篮球比赛中，特别是校级的比赛，参与的人数较多，但是上场的人数有限，所以这就要求球员必须有一定的组织纪律性，服从组织的安排。而且队员虽然来自同一个院系，但是来自不同的班级，一个新建的队伍要加强团队协作，练习配合，组织练习，每个人都要有组织纪律性，按时到场，认真训练。除此之外，啦啦队也是篮球比赛的关键，每场比赛按时到，为比赛做出自己最大的贡献。篮球运动对提高大学生的组织纪律性有极大的促进作用，良好的组织纪律有利于篮球运动的顺利开展。

### （二）体育精神方面

第一，篮球运动对大学生创新精神的影响。创新是现代社会必不可少的一种能力，在科技飞速发展的今天，任何事情都离不开创新。篮球运动也是如此，篮球运动基本战术的选择和应用是一个主动性和创造性的学习过程。在篮球赛场上，赛场的形势、对手的战术以及球员的位置都是不断变化的，这就要求球员要充分发挥主观能动性，开动脑筋，积极思想，努力创新，在短时间里想出破解对方进攻的方法以及迅速反击。篮球场上技术、战术的多变性和复杂性都有利于提高学生的反应能力和创新能力。

第二，篮球运动对大学生拼搏精神的影响。在经济快速发展、物质环境十分优越的今天，许多大学生都是独生子女，碰到挫折习惯求助于他人。体育运动是一项培养学生顽强的意志和不屈不挠的拼搏精神的项目，篮球运动是校园体育活动的重要组成部分，是培养学生顽强拼搏精神的平台。在众多运动员百发百中的背后是无数次的失败磨炼出来的，学生突破对手层层防守进球得分，在这一过程中和背后都经历了众多磨炼和挫折，他们敢于面对挫折和失败，更敢于在激烈的对抗中顽强拼搏，在面对强劲对手时展现出的那种永不放弃的勇攀高峰精神的队员不胜枚举。

第三，篮球运动对大学生协作精神的影响。篮球运动是一项团体项目，它需要队员间相互鼓励、相互支持、密切配合、团结协作。在篮球运动中，哪怕每个人的实力再强，如果缺乏团队配合和协作，那么该团队就难以赢得比赛。在篮球比赛中既要发挥个人特色，又要注意团队合作，将个人的力量融到团体中，让团队的力量发挥到最大化。所以篮球运动能够很好地培养学生团结协作的体育精神。

### （三）体育知识方面

体育知识是人们对体育项目与活动的认识与了解的成果。目前大部分针对非体育专业大学生开设了体育公选课，但是每周的课程太少、时间太短，学生光靠课堂上所获得的体育知识是远远不够的，而且在课堂上所获得的是理论知识和技术知识。对篮球运动感兴趣的学生会对体育赛事、体育新闻等各种体育知识感兴趣，他们会通过电视、广播、互联网等各种方式获得体育知识，并且在吸收篮球知识的同时还会顺便关注与篮球相关的体育知识。除此之外，在观看篮球赛事时，啦啦队与观众也能对篮球比赛规则有一定的了解。所以，篮球运动不仅拓宽了学生的知识面，还能丰富学生获得体育知识的渠道，激发和培养学生的体育兴趣和意识。

### （四）体育风尚方面

体育风尚就是盛行的体育习惯、风气，其中包括体育人口的比例和体育锻炼自主程度。体育人口指经常从事身体锻炼、身体娱乐，接受体育教育、参加运动训练和竞赛，具有统计意义的一种社会群体。篮球运动在高校具有良好的群众基础，几乎每个高校都开设了篮球体育课程，而且每个高校的篮球场地较多，包括室内的和室外的，只要不是雨雪天气，篮球场上都会有较多的学生进行篮球运动，尤其是春秋季节和夏天的傍晚，场地比较紧俏，这不仅有利于篮球运动价值的体现，同时也有利于校园体育人口的增长。与此同时，由于良好的篮球文化风俗，以及篮球本身较好的群众基础，学生参与锻炼的自主程度较高，有利于学校体育锻炼氛围构筑，形成良好的体育风气。

### （五）体育目标方面

体育目标就是体育所要达到的境地和参与体育工作所要努力的方向。正确的体育目标会带给参与者一定的动力，激发他们参与体育锻炼的热情，体育锻炼的效果也会事半功倍。高校大部分学生参与篮球运动是为了培养自己的兴趣爱好，另外还有锻炼身体、增强体质、丰富课外生活、调节情绪、缓解压力等各种个人目标。通过篮球运动之后，大部分个人目标都能实现，也就是说通过篮球运动，在实现个人目标的过程中能够得到成就感和满足感，在一定意义上能促进学生身心的协调发展。

### （六）体育观念方面

体育观念是人们对体育在健身、娱乐、审美以及在心理素质、道德、智力培养等方面所体现出来的价值的认识态度，良好的体育观念对人们采取怎样的体育行为起着指导性作用。体育的价值不仅是简单的促进身体健康，其价值远远不止于此。篮球运动不仅有促进身体健康的价值，还有娱乐、调节情绪、缓解压力、加强人际交往等其他方面的价值。

此外，篮球运动还能促进智力的发展。体育的众多项目都需要手脚配合的协调能力、较快的反应能力。特别是篮球运动，在球场上要根据篮球方向选择正确的位置，以及根据战况选择合适的战术，这都需要运动员及时做出选择和判断，这对人的智力及神经系统的发展都有一定的促进作用。

篮球运动在高校开展有其独特的意义和价值，它不仅能够提高大学生的身体素质、强身健体，还能提高学生的心理素质和综合能力素质，为学生终身体育意识的形成奠定良好的基础。当然篮球运动在高校开展的价值和意义不仅仅针对学生，同时还针对校园体育氛围的构筑，它对校园体育文化的构建、校园体育风气的形成等都有良好的促进作用。

# 第三节　篮球运动的规则与竞赛组织

## 一、篮球运动的规则

篮球规则是篮球竞技的法则，是参加篮球竞赛活动的人员必须遵守的比赛规定、技术标准和行为规范。篮球规则是以法规的条文方式规定竞赛的方法和竞赛原则，以及违反这些条例与规定应做出的判罚。其宗旨是提倡公正竞赛、文明竞赛，鼓励积极进取、团结协作、遵守纪律的优良体育道德作风；限制不正当行为和不合理的动作，反对野蛮、粗暴的作风与打法，以促进技战术的不断发展，从而体现于维护篮球初创时期提出的基本精神、宗旨和目的，以保证与促进篮球运动的健康发展。

篮球规则，作为篮球竞技的法则，具有一定的稳定性和连续性。但这种稳定性与连续性是相对的，随着篮球运动的发展，篮球规则也在相应地修改与变化，以便及时反映和适应篮球运动发展的客观需求，并通过规则的不断修改与完善，促进篮球运动的普及和提高篮球运动的水平，从而保持篮球运动的锻炼价值，增加篮球比赛的观赏性，提高篮球运动的吸引力。

### （一）篮球比赛通则

#### 1. 比赛时间

篮球比赛由 4 节组成，每节 10 分钟（NBA 为 12 分钟），在第一节和第二节（即第一半时）之间、第三节和第四节（即第二半时）之间以及每一决胜期之前应有 2 分钟的比赛休息时间。每半时之间的休息时间应为 15 分钟。在比赛预定的开始时间之前，有 20 分钟的比赛休息时间。每一决胜期的时间为 5 分钟。

#### 2. 比赛开始与结束

比赛的第一节时比赛双方任一队员站在中圈内，由主裁判员执行跳球开始比赛。当主裁判员抛出的球被一名跳球队员合法拍击时为第一节比赛开始，抛出的球被跳球队员拍击的一瞬间，计时员即可开动比赛时钟。

其后所有的各节比赛则以队员掷球入界的形式开始。由掷球入界的队在记录台对面边线中点处掷球入界开始比赛，当掷出的球触及一名场上队员或被场上队员合法触及时为该节比赛开始。第三节比赛开始前，双方球队应交换比赛场地，然后同样拥有掷球入界权的队，掷球入界开始比赛。一节或决胜期的比赛，当结束比赛时间的比赛计时钟信号响时，为比赛结束。

当开始比赛时间已到，裁判员通知比赛双方准备开始比赛时，如果某队准备上场比赛队员不足5名，则比赛不能开始。

（1）在预定比赛时间开始的15分钟后，某队不到场或不能使5名队员入场准备比赛，裁判员可判该队弃权，宣布该队比赛告负，判对方队获胜，且比分为20：0。此外，被判弃权的队本场比赛在名次排列积分中为0分。

（2）在比赛中，如果某队因队员5次犯规下场（NBA为6次）或队员受伤以及其他原因在场上准备比赛的队员少于2名时，裁判员可判该队由于缺少队员使比赛告负，宣布比赛结束。此时，如判给获胜的队比分领先，则在当时的比分应有效；如判给获胜的队比分未领先，则比分应记录为2：0。此外，因缺少队员而告负的队在名次排列积分中应得1分。

### 3. 活球与死球

裁判员在比赛中应随时掌握球的状态，即此刻球是活球还是死球，清楚地了解哪些状态下表示球成活球、什么状态下表示球成死球，这有助于裁判员对临场中当球在不同状态下发生各种情况时做出正确的判罚和处理。

（1）活球。①跳球中，球被一名跳球队员合法拍击时；②罚球中，罚球队员可处理球时；③掷球入界中，掷球入界队员可处理球时；

（2）死球。①任何投篮或罚球中篮时；②球是活球，裁判员鸣哨时；③比赛计时钟信号响以结束每节时；④对控制球24秒装置信号响时。

### 4.“一次跳球”情况

下列情况为“一次跳球”① 情况发生：

（1）宣判了一次争球。

（2）球出界，裁判员对谁是最后触及球的队员拿不准或有争执时。

（3）在最后一次或仅有一次罚球未中，双方队员发生罚球违例时。

（4）一个活球停在篮筐支架上（罚球的除外）。

（5）当任何一队既没有控制球又没有球权时，球成死球。

（6）在抵消了双方球队的相等罚则后，没有留下其他要执行的罚则，并且在宣判第一

---

① 在第一节开始时，一名裁判员在中圈、在任何两名互为对手的队员之间将球抛起，即为一次跳球发生。

次犯规或违规之前，任何一队既没有控制球也没有球权时。

（7）除第一节外，其他所有节的开始时。

### 5.“交替拥有”情况

“交替拥有”是以掷球入界而不是以跳球来使球成活球的一种方法，裁判员在执行“交替拥有”时的注意事项如下：

（1）在第一节开始的跳球后未能在场上获得控制球的队则首先获得“交替拥有”。在随后的比赛中，发生的所有跳球情况，都将由双方球队“交替拥有”在最靠近发生跳球地点的界线外，掷球入界重新开始比赛。

（2）在比赛中，“一次跳球”情况发生，应由获得“交替拥有”权的队在最靠近发生跳球的地点掷球入界重新开始比赛。

（3）在任一节比赛结束时，应由获得下一次“交替拥有”权的队在记录台对面的中线延长部分以掷球入界开始下一节比赛。

（4）在比赛中，需执行“交替拥有”掷球入界重新开始比赛时，执行裁判员应根据记录台前的“交替拥有”标志，即刻指明球队的进攻方向与掷球入界的地点。

### 6. 球队控制球

篮球比赛规则规定：当该队一名队员控制一个活球或球在该队队员之间传递时，即为球队控制球。裁判员需懂得什么叫球队控制球、哪些情况表明球队控制球结束，这是裁判员在临场中正确地判断和处理场上出现的诸多违反规则行为的重要依据。如球回后场、控制球队犯规、抢球时发生的犯规，全队累计犯规的处理以及对判断球队是否构成 3 秒、5 秒、8 秒和 24 秒违例等，这些都与球队控制球的概念有直接联系。下列情况为球队控制球结束：

（1）一名对方队员对球获得控制时。

（2）球成死球时。

（3）在投篮或罚球中球已离开队员的手时。

### 7. 球中篮

篮球比赛规则规定：在比赛中，只有当一个活球从上方进入篮筐并停留在篮筐内或穿过篮筐时才为球中篮。在比赛中出现下列情况时为球中篮的特殊情况：

（1）如果队员意外地将球投入本队的篮筐，则中篮计 2 分，记在对方的队长名下。

（2）如果队员故意地将球投入本队篮筐，则是违例，中篮不计得分。

（3）如果队员使整个球从下方进入篮筐，则是违例。

8. 暂停与替换

暂停与替换是教练或教练员在比赛中实施战术意图与进行战斗力调整的一项重要措施与方法。同时，也是裁判员进行赛场管理的重要时机。在比赛中，无论教练员或裁判员，都必须明确和掌握规则对暂停与替换的相关规定，以便教练员及时地运用暂停与替换，裁判员正确地实施赛场管理。

（1）暂停。在第一个半时的任何时间，每队可准予两次要登记的暂停；第二个半时内，可准予 3 次要登记的暂停，以及每一决胜期的任何时间可准予 1 次要登记的暂停。未用过的暂停，不得遗留给下一个半时或决胜期，每次暂停为 1 分钟。

在比赛中，只有教练员或助理教练员有权请求要登记的暂停。教练员或助理教练员应亲自到记录员处清楚地要求暂停，并做出规定的暂停手势。

在比赛中，教练员或助理教练员请求要登记的暂停，只有当球成死球，比赛计时钟停止时；或当投篮得分时，非得分队已在投篮前提出了暂停请求时，记录台方可发出信号允许暂停。

（2）替换。在比赛中，只有替补队员有权请求替换。替补队员应到记录台前清楚地表达自己要替换，做出替换手势或坐在替换席上，并做好比赛的准备。

在比赛中，当某队请求替换时，只有当球成死球，比赛计时钟停止，裁判员已结束了与记录台联系时，或在第四节的最后两分钟或每一决胜期的最后两分钟内，投篮得分时，非得分队的队员请求替换，记录台可发出信号允许替换。裁判员在执行替换时应掌握以下四点：

一是一次替换发生，队员已成为替补队员和替补队员已成为队员，分别不能重新进入比赛或离开比赛，直到一个比赛的钟表运行片段之后球再次成死球为止。

二是有不合理的延误（超过约 30 秒），违反时间规定的队应该登记一次暂停，如果该队没有剩余的要登记的暂停，则可登记教练员一次技术犯规，并执行相应的罚则。

三是在最后一次或仅有一次的罚球后球成死球时（如罚球中篮），罚球队员可以被替换。此时对方队也可以进行一次替换，只要该请求是在最后一次或仅有一次的罚球后球成活球之前提出。

四是在比赛中，当出现罚球队员受伤；罚球队员已发生第五次犯规；罚球队员已被取消比赛资格等情况时，罚球队员必须被替换。一旦替换完成，应由被替换上场的队员执行罚球。

## （二）篮球比赛的违例

违例是违犯规则的行为，在篮球比赛中，常见的违例有使球出界、运球违例、带球走、掷界外球违例、球回后场、干扰球、拳击球和有关违反时间方面规定的违例等。在篮球比赛中，裁判员宣判某队队员违例时的罚则为由对方队在发生违例的最近地点界线外掷球入界重新开始比赛。

1. 队员出界与球出界

在临场中，根据规则的有关规定，谁使球出界，就是谁违例。裁判员依据下列三点来判断：

（1）球场上的边线和端线属于界外。

（2）以队员触及的地面来判断。

（3）以球触及场外任何人员、地面、物体来判断。当球触及了相关物体时，即是球出界，最后触及球和球触及的队员是使球出界的队员，这些相关物体包括：①在界外的队员或任何其他人员；②界线上、界线上方或界线外的地面或任何物体；③篮板支架、篮板背面或比赛场地上的任何物体。

当裁判员无法判断谁使球出界时，则可视为一次跳球情况发生（即争球）。

2. 掷界外球违例

在比赛中，除投球中篮得分外，其他任何情况下获得控制球权的队在界外掷球入界时，都必须经由裁判员递交球，裁判员可将球递交给掷球入界的队员或置于其可处理的地方，也可将球抛或反弹给执行掷球入界的队员。掷界外球时，掷界外球的队员必须遵守下列规定，否则可判为违例：

（1）当裁判员认为该队员可处理球时，该队员应在5秒内使球进入场内。

（2）掷界外球的队员在球未离手前，不得在裁判员指定的地点横向移动超过1米或向不止一个方向移动。但只要情况许可，该队员从界线后退多远都可以。

（3）当投篮成功或罚篮中篮后，非得分队的任一队员在中篮得分的端线外任一地点掷球入界时，执行掷球入界的队员可横向移动或后移，球可在端线后的同队队员之间传递，但是，当界外第一名队员可处理球时，5秒计时就开始。

（4）在边线外掷界外球时，当裁判员将球递交后，掷界外球的队员不得将球交给另一同队队员掷界外球。

（5）掷界外球时，脚踩线不算违例，只有当身体触及场内地面时才算违例，且界线属于界外。

（6）掷界外球时，掷出的球不得碰到篮板背面、支柱、天花板或卡在篮筐支颈上，也不得直接中篮。

（7）在掷出的球触及场上队员之前，掷球入界的队员进场不得首先触及球。

（8）掷界外球时，在球被掷入场内前，场内其他队员不得将身体的任何部位越过界线，当界线外掷球入界的地点无障碍物区域少于 2 米时，防守队员不得靠近掷球入界的队员 1 米之内。

3．运球违例

裁判员判断队员运球是否违例（俗称二次运球），首先应从规则的含义中搞清楚什么是运球，哪些情况不算运球，什么时候算运球结束，什么情况下可以重新运球。这样才能对队员运球时出现的违例做出正确的判断。

篮球比赛的规则：当在场上已获得控制活球的队员将球掷、拍、滚或运在地面上，并在球触及另一队员之前再次触及球为运球开始。当队员双手同时触及球或允许球在一手或双手中停留时为运球结束。队员第一次运球结束后，在球失去控制之前或在球失去控制之后未触及另一队员或被另一队员触及之前，不得再次运球，否则判该队员运球违例。

这些情况不算二次运球：连续的投篮（根据裁判员的判断，只要是投篮动作，不管投出的球接触篮筐、篮板与否，投篮队员都可以再次接触球并运球或传球、投篮）；一次运球的开始或结束时漏接球，即接球不稳；在抢球时利用连续跳拍动作试图控制球；击拍另一队员控制的球后再运球；只要不发生带球走违例，则将球在二次抛接并在球触及地面前允许在手中停留。

4．带球走

带球走是比赛中发生在持球队员身上最常见的一种违例现象，裁判员应给予充分的重视，不得掉以轻心，以免出现漏判或错判，影响队员技术运用的正常发挥，给比赛造成不公正的影响。

带球走，指当队员在场上持球向任何方向移动时不得超出规则的一定限制，否则应视为非法移动，即带球走违例。

规则对队员持球移动的限制主要体现在队员持球移动时对中枢脚的限制。因此如何判断带球走，确定中枢脚是关键。

根据规则的相关规定，队员原地静止状态下接球或移动中接球双脚同时着地，可以用任何一脚做中枢脚，当一脚抬起的一刹那，另一脚就成为中枢脚；队员在移动或运球中接到球，如一脚正接触地面，则该脚就成为中枢脚，当队员一脚着地，也可跳起此脚，然后双脚同时着地停步，此时哪一只脚都不能单独成为中枢脚，队员如需运球，则必须在球离手后，两脚任意脚才能离地。

同时有规定，队员在场上一旦控制了活球并已经确定了中枢脚，则在开始运球时，球出手之前，中枢脚不得离地，否则可判为带球走步；队员提起中枢脚可做传球或投篮，但在球出手之前任一脚不得落回地面。

当一名队员持球跌倒在地面或躺、坐在地面上获得控制球是合法的，如果此后该队员持球滑动、滚动或试图站起来，则是违例。

5. 违反时间规则方面的违例

在比赛中，涉及违反时间规则方面的违例主要有以下四点：

（1）“3 秒钟”规则。“3 秒钟”规则是指当某队在前场控制活球并且比赛计时钟正在运行时，该队的队员不得停留在对方的限制区内超过 3 秒，否则可判该队员违例。

（2）“5 秒钟”规则。在比赛中发生 5 秒违例主要有三种情况：①掷界外球时，从执行掷球入界的队员可处理球时到球离手不得超过 5 秒；②罚球时，从裁判员递交球后执行罚球的队员可处理罚球时到球离手不得超过 5 秒；③一名队员正持着活球，被对方队员严密防守时必须在 5 秒内传球、投篮或者运球。一旦控制球队的队员违反上述时间规定，即可判该队队员违例。

（3）“8 秒钟”规则。“8 秒钟”规则是指当一名进攻队员在场上获得控制活球时，其所属的队必须在 8 秒内使球进入其前场，否则可判该队违例。

（4）“24 秒钟”规则。“24 秒钟”规则是指当一名进攻队员在场上获得控制活球时，其所属队必须在 24 秒内投篮；在 24 秒中装置的信号发出前，球必须离开队员的手，否则可判该队违例。

6. 球回后场

球回后场是指控制球队的队员在前场使球回到后场。在比赛中，当控制球队的队员使球进入了前场，或在球触及有部分身体接触中线或位于中线的该队队员，然后，又使球首先接触了后场地面的该队队员即为该队球回后场违例。根据以上规定，裁判员判断是否构成球回后场，应依据以下三个要素进行：

（1）控制球队的队员在前场控制了球。

（2）控制球队的队员使球从前场进入后场。

（3）控制球队的队员在后场首先触及球。

以上三个要素是构成球回后场的必备条件，缺一不可。

7. 脚踢球与拳击球

篮球是用手进行运动的项目，不允许脚踢球或用拳头击球。故意用脚踢球或用腿的任何部位阻拦球及用拳击球都是违例，球偶然地接触或碰及脚或腿则不算违例。

8. 干扰球

在投篮时，当球在飞行中下落，并完全在篮圈水平面以上时，无论是进攻或防守的队员都不能触及球，否则应判触及球的队员干扰球违例，但在球触及篮圈后或明显不会触及篮圈时除外。

在比赛中，队员违反相关规定应视为干扰球违例，主要包括：①当投篮或罚球的球触及篮圈时，进攻和防守双方队员都不得触及篮筐或篮板；②当投篮或罚球的球触及篮圈后弹起或在篮圈水平面以上时，攻守双方队员都可以触及球，但不得触及篮圈和篮板；③队员不得从下方伸手穿过篮圈并触及球。

干扰球的罚则为：①进攻队员干扰球违例，球中篮无效，判由对方队在罚球线所对应的边线外掷球入界；②防守队员干扰球违例，无论球中篮与否，均按照投篮区域判给进攻队 2 分或 3 分；③当防守队员干扰球发生在最后一次或仅有一次的罚球中，应判给进攻队得 1 分。

## （三）篮球比赛的犯规

### 1. 侵人犯规

侵人犯规是指在比赛中与对方队员发生身体接触的犯规，无论球是活球还是死球，期间一旦出现，裁判员都应根据规则，及时判罚。规则明确指出，在比赛中队员不得通过伸展他的手、臂、肘、肩、膝或脚来拉、阻、挡、推、撞、绊而阻止对方队员行进，以及不应将其身体弯曲成“反常的”姿势（超出他的圆柱体）；也不应放纵任何粗野或猛烈的动作。否则，可判该队员侵人犯规，情节严重的可判为违反体育道德的犯规。裁判员宣判了某队员侵人犯规应按下列罚则处理：

（1）应给犯规队员记一次侵人犯规。

（2）如果是对未做投篮动作的队员发生侵人犯规，则应由非犯规的队在最靠近犯规的地点掷球入界，重新开始比赛。

（3）如果是对正在做投篮动作的队员发生侵人犯规，若投球中篮，则应计得分并判给 1 次追加的罚球；若投篮未中，则应按投篮区域，判给投篮队员 2 次或 3 次罚球。

### 2. 双方犯规

双方犯规是指两名攻防队员大约同时相互发生侵人犯规的情况。当裁判员宣判了双方犯规应按下列罚则处理：

（1）应给每一犯规队员登记 1 次侵人犯规，不判给罚球。

（2）比赛应重新开始比赛：①如果在投篮得分或最后一次或仅有一次罚球得分的同时发生双方犯规，应将球判给非得分队从端线掷球入界；②如果某队已控制了球或拥有球权，应将球判给该队在最近犯规的地点掷球入界；③如果任一队都未控制球也没有球权，可视为一次跳球情况发生。

3. 违反体育道德的犯规

根据裁判员的判断，一名队员不是在规则的精神和意图的范围内合法地试图去直接抢球而发生的接触犯规是违反体育道德的犯规。确定场上队员的犯规是否是违反体育道德的犯规，裁判员应运用以下原则进行判断：裁判员必须根据动作来判断，如果一名队员不是努力去抢球而发生的接触，这可能就是一起违反体育道德的犯规；如果一名队员在努力抢球中造成过分的接触（严重犯规），则该接触也应被判定为违反体育道德的犯规；如果一名队员做合法的努力去抢球（正常的争抢）而发生了犯规，这就不是违反体育道德的犯规。裁判员宣判了违反体育道德的犯规应按下列罚则处理：

（1）应给犯规队员登记 1 次违反体育道德的犯规。

（2）判给被犯规的队员 2 次罚球及随后该队中场的球权。

（3）如果是对正在做投篮动作的队员进行的犯规，若中篮，则应计得分并加判给 1 次罚球；若未中篮得分，则应视投篮区域判给 2 次或 3 次罚球。

4. 取消比赛资格的犯规

队员、替补队员、教练员、助理教练员或随队人员的任何恶劣的违反体育道德的行为都是取消比赛资格的犯规。当裁判员宣判了取消比赛资格犯规应按下列罚则处理：

（1）应给犯规者登记 1 次取消比赛资格的犯规，并要求其立即离开比赛场馆。

（2）判给对方队 2 次罚球以及随后中场的球权。

（3）如果是对正在做投篮动作的队员发生的犯规，若中篮，则应计得分并加判给 1 次罚球；若未中篮得分，则应视投篮区域判给 2 次或 3 次罚球，以及随后中场的球权。

5. 技术犯规

任何故意的或不遵守规则的言论与行为，应判为 1 次技术犯规。技术犯规是包含（但不限于）行为性质的队员非接触性犯规。技术犯规按其对象和时间分为：场上队员技术犯规；场外教练员或助理教练员以及替补队员、随队人员技术犯规；比赛休息期间的技术犯规等。不同的对象和时间发生的技术犯规其罚则也有所不同。当裁判员宣判了技术犯规，应按下列罚则处理：

（1）应判给对方队 2 次罚球以及随后中场的球权。

（2）如队员技术犯规，则应登记 1 次技术犯规，并作为全队犯规计数；如场外教练员（“C”）、助理教练员（“B”）、替补队员（“B”）或随队人员（“B”）的技术犯规，则均登记为教练员 1 次技术犯规，但不作为全队犯规之一计数。

（3）在比赛开始前的 20 分钟，任何两节间的间隔和所有决胜期前的休息时间内发生的技术犯规，其罚则为：登记犯规队员 1 次技术犯规，判给对方队 2 次罚球，并作为全队犯规计数；如是教练员、助理教练员或随队人员技术犯规，则对教练员进行登记，判给对方队 2 次罚球，该犯规不计入全队犯规之中。罚球完毕后，比赛按原有的程序进行（在中圈跳球开始比赛或由拥有交替拥有权的队掷球入界开始比赛）。

6. 篮球比赛犯规的处理原则

犯规是对规则的违犯，含有与对方队员的非法身体接触或违反体育道德的举止。篮球比赛 10 名队员在有限的场地内快速移动和激烈地对抗，不可避免地要发生身体接触。因此裁判员必须明确犯规与身体接触的区别。只有掌握处理犯规的一般原则和基本精神，以及规则对比赛双方的行为和动作有哪些规定等，才能在临场中依据规则的精神与原则，对队员的动作与身体接触是否构成犯规做出正确的判断，并及时、果断地给予判罚。这些原则和精神主要包括以下内容：

（1）圆柱体原则，是指一名队员所占据的地面位置为一个假想的圆柱体内空间。它包括该队员从下至上的整个空间，其双手和双臂可以在躯干前面伸展，双臂弯曲后肘部不超过双脚的位置，双脚间的距离应与身高成比例。若对方队员进入这个假想的圆柱体，并与处于圆柱体内的队员发生了接触，则进入圆柱体的队员应对此接触负责。

（2）垂直原则，是指场上每一名队员都有权占据未被对方队员已经占据的任何位置（圆柱体）。这一原则的基本精神具有双重含义，即保护队员所占据的地面范围和其在此空间内垂直跳起时的上方空间。然而，当其一旦离开了垂直位置并与其他已占据了垂直位置的对方队员发生了身体接触，则该队员应对此负责并可能被判犯规。

（3）合法的防守位置，即当防守队员面对对手时，双脚以正常的跨立姿势着地（两脚间的距离与身高成比例）。合法的防守位置可被视为一个圆柱体，延伸到队员的上面空间。队员可将手臂伸于头上，但两臂应保持垂直。

（4）防守控制球的队员，在场上时间和距离的因素可置之于不顾，持球队员必须料到对方的防守，随时做好准备，当防守队员瞬间在持球队员的前面占据了合法的防守位置时，持球队员应立即停步或转变方向，否则，持球队员将对造成的接触负责。但是，防守队员在占据合法的防守位置之前必须不与对方队员发生身体接触，并保持正常的防守姿势，即双脚着地，面对对手，否则将判防守队员犯规。掌握正确防守规则对正确判断和区分阻挡与带球撞人犯规具有重要意义。

（5）防守为控制的队员时，为控制球的队员有权在场上自由移动并占据任何未被其他队员占据的位置。但未控制球的队员和任何防守他的队员在行动中都必须考虑时间与距离的因素，即不论防守队或进攻队无球队员都不能距离对手太近，不能过快地插入对手移动中路径上，以致使对手没有足够的时间或距离停步或改变方向，由此造成的身体接触，应由插入的一方队员负责。一旦防守队员已经占据一个合法位置，那么他就可以移动，以使自己保持有利的防守位置，但是他不得伸展臂、肩、臀或腿来阻止从他身旁通过的对手移动，由此而发生的身体接触，则由该防守队员负责。

（6）腾空的队员是指在比赛中队员从场上某一点跳起有权再落回同一地点，也有权落在场上的另一地点，只要这个另一地点和从起跳之间的路径没有被对手占据。根据这一原则，当队员已跳起在空中后，对方队员不得移至该队员的路径上。移至一名腾空队员的身下（如果发生接触），通常是违反体育道德的犯规，在某些情况下可能是取消比赛资格的犯规。如果起跳腾空的队员落地时，其冲力使他碰撞了在附近已经占据合法位置的、静止的对方队员时，则起跳腾空队员应对发生的身体接触负责，可判其犯规。

（7）合法掩护与非法掩护。掩护是篮球比赛中常见的一种战术手段，发生在进攻队员试图延误或阻止对方队员到达希望到达的场上位置时，是队员利用自己的占位用身体去阻挡对方队员的移动路线，使同伴借以获得摆脱对手的机会。掩护时往往容易发生接触，必须引起裁判员的足够认识，分清什么是合法掩护，什么是非法掩护，以便在比赛中做出正确的判罚。合法掩护是指掩护队员在掩护时两脚着地未移动。当掩护队员在移动中进行掩护并与被掩护队员的防守者发生身体接触时，则应视为非法掩护。

如掩护队员处在被掩护队员防守者的直接视野范围内（前面或侧面）进行静立的合法掩护，则发生接触应由被掩护队员的防守者负责。如被掩护者的防守者是静立的，则在他的视野范围之内进行掩护时，掩护队员可靠近对手，只要不发生身体接触；如在他的视野范围之外进行掩护时，则必须给对手留有一定的空间，允许对手向掩护队员迈出一步而不发生身体接触，否则掩护队员将对此接触负责。

（8）用手或手臂接触对方队员——也称手测。在比赛中，用手触及对方，本身未必是犯规。在场上如果是为了辨别对手的位置，当对手位于某队员的视野之外时，则该队员偶尔地触及对手是合法的。如果某队员用手触及对手并因此获得了不公正的利益，且这个接触在某一方面限制了对方队员的移动自由，那么这一接触就是犯规。

（9）居中策应，垂直原则也适用于居中策应。位于居中策应的进攻队员和防守他的队员都必须尊重彼此的垂直权利（圆柱体）。根据这一原则，在场上，当防守队员已占据了合法的防守位置后，进攻队员为了挤占其防守者已占据的位置以便更靠近篮下时，试图用肩或髋将他的防守者用力挤出或撞或扛开，都应视为进攻队员犯规。进攻队员伸展肘或臂来干扰附近防守他的对方队员的活动自由，应视为犯规。如果防守队员使用臂、膝或身体的其他部位干扰策应队员的活动自由，则同样应判为犯规。犯规按照不同的性质可以分为侵人犯规、违反体育道德的犯规、技术犯规和取消比赛资格的犯规等。

## 二、篮球运动的竞赛组织

篮球竞赛是篮球运动的基本形式，是篮球运动内容体系的一个重要组成部分，是现代篮球运动中最具魅力的活动。篮球竞赛攻守对抗的凶悍性和技艺化往往能引起观众的共鸣，引人入胜。篮球运动的价值往往是在竞赛中得到实现的。不论举办哪种形式的篮球比赛，也不论其规模大小和水平高低，它都有一定的时限性，并且涉及许多方面。

### （一）职业性篮球赛

国外职业比赛主要是为了依靠比赛的票房收入和其他收入来维持球队的生计与创造利润。最具代表性的是美国 NBA 男子职业篮球联赛，还有一些国家举办的职业联盟比赛，如意大利、菲律宾、韩国的职业篮球联赛，以及一些国际性的俱乐部比赛等。

国内的职业比赛主要是为了通过改革推动我国篮球运动顺应世界篮球运动的发展趋势，使管理体制、竞赛方式与方法等方面与国际接轨，从而提高我国篮球运动的整体水平，在篮球管理体制中实现从计划经济向市场经济的转变。

职业性比赛涉及的范围相对较窄，但参加比赛的运动员的技术水平比较高，它带有明显的商业性，对篮球运动的产业化进程有着明显的促进作用。

### （二）非职业性比赛

#### 1. 综合性运动会中篮球比赛

篮球作为综合性运动会中的一个项目，与其他项目一起在同一时期内进行比赛，可以从一个侧面反映参赛国家或单位的体育运动水平。非职业性比赛有国际性运动会中的篮球比赛，如奥林匹克运动会、世界大学生运动会、世界中学生运动会、各洲际和地区的运动会中的篮球比赛等；也有全国性运动会中的篮球比赛，如全国运动会、军人运动会、工人运动会、农民运动会、大学生运动会、中学生运动会中的篮球比赛等；还有各个省、地、市及厂矿学校等基层单位运动会中的篮球比赛。

#### 2. 单一篮球项目比赛

单一篮球项目比赛主要反映的是参赛国家或单位运动的水平，有国际性的比赛，如世界锦标赛、世界青年锦标赛、各大洲的锦标赛、各大洲的青年锦标赛；也有全国性的比赛，如全国锦标赛、全国甲级联赛、全国乙级联赛、全国青年联赛以及各行业系统的篮球比赛，还有省、地及基层单位的篮球比赛。

3. 交往性比赛

交往性比赛主要是为了加强交流，增进友谊，发展关系。有国际性的比赛，如国家之间双边的访问比赛、几个国家之间多边的邀请比赛；也有国内省、地、市之间的协作比赛；还有基层单位之间的友谊比赛和表演比赛等。

非职业性比赛的普及面比较广，参加比赛的运动员技术水平有较大的差异，有利于吸引更多的人参加篮球运动。

## （三）赛会制

赛会制是让参加比赛的球队集中在一个地方，用若干天连续进行比赛，最后决出相应名次的一种竞赛方式。

1. 赛会制的特点

赛会制的运用范围比较广，其特点是：比赛队伍集中，比赛地点固定，比赛期短，竞赛费用低及比赛场次连续，比赛强度大，调整、恢复时间短，容易产生疲劳。赛会制的比赛可以为承办地提供篮球爱好者的注视热点，从而带来相应的社会效益和竞技效益。

2. 赛会制对组织工作的要求

（1）赛会制比赛规模较大，组织工作庞大而复杂，因此要制订好全面的组织方案，规划好各部门的工作范围，明确各部门的工作职责，协调好各部门的关系。

（2）赛会制的比赛期短、赛程紧凑，赛间可能出现的问题比较集中。因此，各方面工作要具体、细致，要有很强的时间观念，要始终处于紧张的运转状态，以保证比赛的顺利进行。

（3）赛会制的比赛参赛队伍和人员较多，后勤工作部门要以全天候的方式保障参赛运动员有良好的休息和营养条件，以充沛的精力投入比赛。

（4）赛会制的比赛需要承办单位具有一定的基础设施条件，特别是承办大规模、高水平、国际性的篮球比赛，要事先进行大量的基本建设投入，以适应赛会制比赛的要求。

（5）承办赛会制比赛要有市场经济意识，要以经营的思想来做好竞赛组织工作，既要讲社会效益，又要讲经济效益。

## （四）赛季制

赛季制是指在赛季较长时间内，每个参赛队与其他对手分别在主、客场进行若干场比赛（最终按总成绩排名）的一种竞赛方式。

### 1. 赛季制的特点

赛季制最明显的一个特点就是采用主、客场的形式进行比赛。比赛期长，比赛的场次较多，一般为4~6个月，而且通常是跨年度的。由于比赛队伍经常要往返于主、客赛地，要有雄厚的经济实力，因而赛季制比赛应用的范围比较小，一般只是在一个国家内高水平的比赛中运用。

### 2. 赛季制对组织工作的要求

（1）赛季制比赛的赛场分散，各赛地的比赛时间短，比赛场次相对较小，但组织工作延续时间跨度大，因此，组织机构更应当精干，做到机动性、程序化操作。

（2）由于主场比赛，观众对主队的支持程度更高，无形中加大了主场的管理难度，因此要营造公平竞争的良好环境气氛。要加强对主场工作人员、运动员的职业道德教育和对观众的宣传教育，提高观赏比赛的文化氛围。

（3）主、客场比赛的形式是一种市场经营，因而比赛应该是属于经营者的一项业务，组织工作应当成为经营者的一项任务，从而促使篮球竞赛真正走进市场。

# 第二章 高校篮球教学的体系研究

## 第一节 高校篮球教学的理论基础

### 一、高校篮球教学的哲学基础

无论是教育研究者还是广大一线教师，都要经历、积累海量的教学实践、教学经验，同时理解挖掘其中的教学事实，这是在理解教学实践深处蕴含着的教育哲学观念及研究的基础上才能实现的，否则，教学实践将无法展现其价值。

从哲学角度来审视，无论何种教学理论，都有与之相关的哲学理论起到理论支持作用，对于篮球教学来说，教师的教学理念、观点同其教学实践行为从本质上看都或多或少地被其所接受的教育哲学观影响着。

认同苏格拉底与柏拉图哲学理念的教师，在其教学理念上倾向于将认识视为潜藏于潜意识中对既定观念的回忆；而教学实践行为上，更接受苏格拉底式的对话，更倾向于采用提问、对话途径来刺激学生意识的产生，并借此引导出学生潜意识下内心深处的思想观点。

认同亚里士多德唯实论哲学观点的教师，在其教学理念上倾向于认识是个体对物体感觉的映射，只有将感觉材料抽象化，才能在意识中构建起对应现实物体的概念，相应地在教学实践活动中，这一类教师则更倾向于突出直观性原则，喜欢运用不同方式使学生感官得到刺激并产生活动。

很多教师认为，知识、经验是受个体和环境相互作用而最终产生的，因此，若受杜威实用主义哲学影响较深，则这类教师在教学实践中更乐于使学生参与实践活动以解决现实问题，并主张教学活动应与受教者的社会生活建立紧密的联系。

从哲学价值角度来看，高校体育篮球教学的哲学基础涉及教学论的各个不同层面。从教学内容设置的角度来看，“什么知识最有价值”是与哲学密切相关的问题。从更高层次来看，篮球教学是师生之间的实践活动，与“什么样的生活最有价值，最值得师生追求”的哲学问题紧密相关。

从哲学认识论的角度来看，哲学能够使高校篮球教学创新发展在理论思维层次上得到有效提高。从“教”的角度来看，哲学是对思维训练的阐述，从“学”的角度来看，哲学则是对思维历练的阐述。发现并收集、整理事实，寻找并确认问题，教学理念的创新和检验等，都是在哲学思维支持下才能最终实现的。

## 二、高校篮球教学的心理学基础

课程及各种教学活动在很大程度上受学生心理发展水平的影响和制约，可以说，心理学理论是高校篮球教学基础之一。最早在教学理论中使用心理学基础的为亚里士多德，然而事实上著名教育学家赫尔巴特真正在心理学基础上构建了系列化的教学理论，其心理学研究成果令人惊叹，19 世纪末 20 世纪初的心理学的主要流派包括构造主义、格式塔心理学、精神分析学派、机能主义、行为主义等，是现代心理学发展的重要支持与动力。20 世纪 30 年代之后，心理学各派之间展现了新的发展趋势，开始相互影响、借鉴补充，代表性的有生理心理学、行为主义、精神分析、认知心理学及人本主义取向等。近年来，高校篮球教学理论基础较多涉及认知心理学和多元智能理论。

### （一）认知心理学

大脑以信息为对象，开展的提取编码、输入输出、储存的加工过程即为认知过程，从本质上看，认知过程是系统性加工过程。大脑通过其内在的“执行的控制过程”来控制认知过程，其中，控制系统可以被分为目的、策略、计划和监控四个不同部分，各个部分分工协作，对信息加工的执行产生了深远影响。同时，元认知理论也是由当代认知主义心理学提出的，解释了个体对自身的认知过程。认知心理学认为头脑中的知识结构可看作认知结构，它涉及三个方面，即知识的表征、知识的类型和知识的组织。

#### 1. 知识的表征

从儿童心理发展阶段来看，其认识世界包含四个阶段：①感知运动阶段（0~2 岁），通过吮咬、抓摇等肢体动作实现认知活动，这一阶段的认识活动是通过感官即刻经验获得的；②前运演阶段（2~7 岁），认知活动方式为身体的运动和知觉经验，不能离开实物来思考问题；③具体运演阶段（7~11 岁），它与感知运动阶段不同，个体依据具体形象而非具象化实物进行问题思考，要注意的是，这一阶段也并不能完全脱离具体经验；④形式运演阶段（11~15 岁），个体认知活动方式不再局限于具体经验及时空，而是能够按照逻辑规则进行问题思考，能够进行抽象思维。

在后来的发展中，基于上述四种认知图式，演化出知识结构及呈现知识的形式，知识结构有三种方式，即知识结构再现形式、结构经济原则、结构有效力量。根据学习者年龄差异、作用差异及与学科的差异的适合程度不同，这三种方式会出现不同变化：首先，用适用于达到某种结果的一组行动做表示，即表演式再现表象；其次，用可充当某个概念的代表，但还不能完全解释这个概念的一组简略的意象或图解来表示，即肖像式再现表象；最后，用一组符号命题或逻辑命题来表示，即象征式再现表象。这三种再现方式是不同年龄时期儿童认知发展的不同阶段，即动作表征期、影像表征期和符号表征期，认知发展上出现的质化展现了不同阶段的特质。

在不同阶段，大学生的心理发展会出现性质上的变化，这类性质上的改变是其认知方式改变的根由。篮球教学中教学方法的运用，需要综合考虑受年龄、认知水平影响的学生的不同特点，从学生的认知结构出发灵活进行调整，以确保学生认知结构发展方向的正确性，从而使学生抽象思维能力确实得到提升。

2. 知识的类型

知识的类型即为语义记忆类型，语义知识可分为三种：从属于事实性知识的描述性知识，主要为描述“是什么”“怎么样”等问题；程序性知识，即系列化的操作程序或是计算步骤；策略性知识，即有关设计方法的知识，内容有如何学习、思考，以及运用知识解决问题的一般方法等。对比来看，现代认知主义心理学更关注在策略性知识上的教学。

根据语义知识分类理论，高校篮球教学内容的安排设置能够结合不同学生的特点更有针对性地进行，进而，教学方法也能更有效，最终取得良好的教学成效。认知主义心理学认为策略性知识教学的现实意义较高，因此对其更加重视。策略性知识教学的关键在于引导学生掌握自主学习与思考的方式，因此更新转变高校篮球教学理念是极为重要的，必须将教学中心从知识传授、技能锻炼转移到引导学生掌握自主学习思考、自主创新发展能力上。

3. 知识的组织

近年来，认知心理学与神经科学有了更多联系，并进一步推动了认知神经科学的产生，其主要研究认知功能的脑机制、认知与神经系统活动的关系，以及大脑发育和认知功能发展等。

知识的组织代指长时间记忆中知识的组织，涉及图式理论、群集研究、层次网络模型、流程图等方面。上述理论突出知识的系统化、结构化，对课程编制以及教会学生如何有效掌握知识有着较强应用价值。

与行为主义心理学对立，对于行为主义心理学忽视个体内在心理活动立场，认知心理学是持反对态度的。其更倾向于从研究个体头脑内部着手关注其心理活动，尤其是其认知过程。个体行为以及其当前认知活动主要由原本的认知结构所决定，并进一步认为学习的本质是由个体经验开始的发生在内部认知结构上的成型与重构，而非“刺激—反应”之间的构建或淡化消失。

### （二）多元智能理论

“智商测试”价值体现在能够使智能定量化，借助这种定量化制定统一智能尺度，并能够应用到对个体的衡量上，对处于发展阶段的个体进行卓有成就或平庸的预测。在此基础上，产生智能多元化理念，一个学生存在着许多不同的、相互独立的认知能力，不同学生具有不同的认知能力和认知方式。

人的智能具有多元化特征，主要包含人际交往、语言、数理逻辑、空间、节奏、运动、内省智能等多个方面的内容。对于教学价值，教育需要将个体全面发展作为最终目的，教育的价值在于发现学生的多元智能并促使其成长，因此，学校需要将学生的长远发展作为实践中心，严格以学生多元智能发展为出发点开展教育培养互动，保障、促使其多元智能能够借助教育引导的方式得到更好的发展。与之前提出的统一教育教学、应试教育模式有较大不同，这种教学理念有利于促使学生在认知等多方面的智能都获得更充分的挖掘。这种教学理念要求从学生个性特质、智能特点出发，灵活制定课程并及时调整，制定各不相同的教学目标、内容、方法、评价等，最终目的在于更好地为学生的个体多元智能发展服务。

高校篮球教学中浓缩了多元智能，因此，如何在教学过程中发现并推动受教学生的多元智能发展，这是高校篮球教育工作者们必须予以重视的新课题。

## 三、高校篮球教学的社会学基础

高校篮球教学是一种教学活动，而教学活动从本质上看属于社会文化传承发展的外在现象，可见课程及教学离不开社会学、文化学。教学论的研究建立在教育社会学的基础上。对篮球教学课程来说，教育社会学流派有着十分重要的影响。

### （一）功能理论

功能理论也被称为结构功能主义，社会是一种相对稳定持久的结构，由各种不同部分共同构成，在社会整体中，社会结构各部分起着不同的作用；社会整合的基础建立在价值共识上，整体中任何部分的变化都有可能对整体结构造成影响，然而其不能对社会结构的协调及平衡造成消极影响，主要原因就是社会统一价值观与社会观的存在；虽然社会变迁客观且长久地存在，但并不能改变这种稳定和谐的存在状态。

对教育功能的研究上，本质上看教育具有社会性，教育最主要的功能并不在于个体能力、潜能的挖掘上，而在于社会和谐稳定的保障和促进，使学生构建起统一的价值观、社会观，在社会规范及认知结构方面对学生进行弥补，推动学生个体向社会化方向发展，最终实现社会和谐稳定，这是课程教学的任务。

家庭与学校班级是社会体系的重要组成部分，社会体系的核心在于由全体社会成员共同分享的统一价值观。如若这一价值观被大部分成员所反对，则社会体系将不再存在。可见，社会体系的客观存在，需要以主要价值观念的统一做必要条件。"角色"在社会体系中有着重要功能。社会机构就是由不同个体承担各种角色聚集而成，在此基础上，由社会机构最终决定了社会成员的生活方式。

在高校篮球教学中，校长、篮球教师、学生各自承担的角色就是由社会教育机构决定的；男、女发挥的功能在社会结构中有一定区别，各自角色也有所差异，因此，在高校篮球课中，其教学也必然各有不同。由此类推，进度速度快的学生与相对而言进步速度偏慢的学生应该在学习课程计划上有所区别，各自采取的教学方法应更加具有针对性，更有利于受教学生在其之后的社会机构中获得更适合的位置，更好地发挥自身才能。总之，对于学校课程教学来说，其出发点和最终目标是引导学生从自然人转变为社会人，使学生对于其在社会中的角色定位有更明确和清晰的认识。

### （二）解释理论

解释理论（"互动理论"）由现象学、拟剧论、知识社会学、符号互动论、俗民方法论等社会学术思潮共同组成。知识社会学与篮球教学有着紧密的联系，符号互动论与高校篮球教学密切相关。在高校篮球教学方面，要关注高校篮球教学活动中篮球教师与学生构造、阐述及控制教学过程的问题，关注教师和受教学生的人际互动过程。

从解释理论角度来看，在篮球教学中需要关注教师与学生的双主体作用，阐述教师与学生在篮球教学过程中所扮演的角色及教学行为，重视教师与学生在教学过程中的沟通与对话，提出需要借助理解和解释的方式去深入分析教师与学生的教学观念及行为表现。在对高校篮球教学情境进行分析时，常涉及以下概念：

第一，符号，语言是高校篮球教学中的最基本符号，教学过程主要借助语言，师生之间的沟通才能顺利实现。

第二，自我概念，社会交往过程中，学生在持续的自我反思中逐渐构建发展包括"物质、社会及精神"在内的自我观念。

第三，情境定义，即学生对其所处的社会情境的理解。在高校篮球教学过程中，教师和学生对课堂情境的理解有所区别，这种区别极大地影响了课堂教学成效。

第四，社会活动，社会活动代指一种交互活动或反映过程，发生在人与人、群体与群体之间。各种具有不同外在表现形式的互动同时也充斥在高校篮球教学中，对课程教学秩序、教学成效有着直接的影响。

对高校篮球教学创新发展影响最深远的是符号互动论，符号互动论主要通过四种方式应用于课堂教学中：①从社会学角度解释了课堂情境，提出对于教师和学生来说，同一情境有各自不同的意义，出于这一原因，有师生参与的课堂教学活动具有了丰富与复杂的特性；②提出高校篮球教学的过程可以被视为人际互动的过程，因此，要加强在教学对话与交往、阐释教学、教学协商等方面的关注，指出教学过程具有社会控制的功能；③篮球实践教学过程是由师生共同参与的情境，教师和学生各自的定位和角色不同，教师与全体学生和课堂构成教学情境，作为一线篮球教师灵活使用各种方式保证教学秩序，科学适当地将相关“印象管理”技巧、方式渗透其中；④高校篮球教学过程有非语言性交流内容，需要综合使用动姿、静姿等保证教学顺利实现。

对于当前高校篮球教学创新改革来说，符号互动论对课堂教学的社会化研究有较大价值。社会文化是一种课程教学资源，文化的类别、生态、模式、交流变迁及主流文化、亚文化等，都制约着课程和教学。因此，对高校篮球教学创新发展问题的研究，必须涉及对社会文化在结构与形态、发展与演变等方面的研究。与此同时，高校篮球教学具有传播、发展社会文化的功能，高校篮球教学在实施这一功能的同时，又难以避免地会被社会意识形态所制约。所以，对高校篮球教学问题的研究必须建立在对社会学流派思想观念研究的基础上。

## 四、高校篮球教学的教育学基础

教育学是一种以培养人为主要研究内容的社会科学，对高校篮球教学理论的研究同样包含其中。教育科学体系中教育学属于一级学科、基础学科，由此推之，教育学的基本原理同时也是教育科学体系中其他各门学科的理论基础。

### （一）教育本质论

教育的本质是对人才的培养，教育是一国强盛的根本。当前世界各国，其在经济实力、科学技术、国防力量等各方面的竞争，本质上都可被视为是人才方面的竞争。因此，要想在国际世界中使综合国力占据优势地位，根本取胜点依旧在教育教学发展上，教育在一定程度上决定了国家的兴亡。

对教育本质的探讨，还能够站在教育与社会发展的纵、横向关系立场上进行。纵向即时间走向，教育开始于原始社会，在古代与现代社会得到了快速发展，纵观教育事业的发展，它经历了由简单到复杂的漫长过程，教育理论也逐渐深化并完善。对于高校篮球教学来说，教育方法和技术手段也是从产生到落后再到先进逐渐发展的。教育的漫长曲折历程，在不同社会发展阶段或不同的历史发展时期，都有着各自的特点，显示出了较强的历史性。在阶级社会中，教育是通过阶级性表现出来的。在其整个的发展历程中，教育发展大致可被分为原始、古代与现代三种具体社会形态，无论何种社会形态都和当时的生产力、经济与科技发展水平密切相关。同时，从整体上看这一发展过程，教育显示出了相对独立性与继承性。

横向即在社会环境中综合考虑教育同社会生产力、生产关系之间的制约关系，它们之间相互影响、相互制约并相互促进。尤其需要强调的是，人才培养质量、数量决定了当时社会环境下的生产力和经济发展程度。当代人力资本理论提出，个体具备的如知识技能或其他工作能力本质上是资本的外在表现形态，是个体在未来的薪水源泉。人力资本在现代经济增长中占据着重要地位，甚至可以说是推动经济增长的首要因素。教育和政治、经济制度存在辩证统一的关系，政治、经济制度决定了教育的存在性质，表现在对人才培养服务类型的决定性上。

教育对政治经济制度起到了反作用，而且教育与科学文化之间也存在着相辅相成的关系，教育能够有效推动文化和科学技术的进步，反之，文化、科学技术的进步又能够使教育教学内容得到极大的丰富。因此，作为一种社会现象，教育与其他社会现象之间有着密不可分的联系。

教育本质论从教育与社会二者之间的关系出发，对教育功能、教育性质做出了详尽解释，有利于体育教育工作者明确体育教育和社会的矛盾关系，确定体育教育教学的发展改革方向，并能够深刻领会到高校篮球教学及教育改革对于社会发展的重要价值。因此，高校篮球教学的改革发展需要将上述关系、因素及各种要求纳入考虑范围之内，换言之，需要充分重视社会的制约性。

### （二）教育目的论

对于人类社会来说，教育是具有目的性和意识性的社会活动。教育目的从本质上可以说是人才培养的质量、规格及标准，是教育工作的起点与前进方向。社会发展需求及个体身心发展规律都影响和制约着教育目的。仅从社会发展需要出发定位教育目的，过度强调其社会价值，即教育目的社会本位论；仅从个体本性、本能需求或个体身心发展规律出发来定位教育目的，过度关注教育在个体发展价值上的实现，即教育目的的个人本位论。这两种理论均有不足之处，教育的促进和推动作用无论是对于社会发展还是某个社会成员的个体发展都是有效的，两种不同性质的功能有着密不可分的联系。可以说，教育目的的价值取向包含社会发展与社会成员个体发展两个不同方面，且两个方面存在有机统一的关系。

除此之外，教育生活论观点中，青少年生活中教育是不可或缺的重要组成，强调了教育即生活、教育即生长。教育谋生论观点中，教育则是青少年未来人生的谋生准备，接受教育是为了学生以后的人生能够幸福。

在我国，高校教育目的是从国家、社会发展对于人才需求角度为出发点制定的，是按照我国社会主义现代化建设实际情况作为客观依据的。高校教育目标基点在于德、智、体、美、劳全面综合发展的社会主义新型复合人才的培养。要实现前面所述社会主义建设人才的培养，达到我国现阶段教育目的，开展高校篮球教学的创新发展研究是必由之路。

从教育目的论中可以明确高校篮球教学在推动个体发展上不可或缺的价值。根据教育与个体发展相互制约的客观规律来看，高校篮球教学是重要的教育活动与过程，同受教学生的身心发展有着密不可分的联系，二者呈现出相互制约的关系。因此，在高校篮球教学中必须考虑进来学生身心发展的客观规律，以确保教学活动的针对性和实效性。主要可从以下方面着手：

第一，充分考虑学生身心发展客观规律，保证篮球技战术教学能够遵循其发展规律逐渐开展，确保学生在其不同年龄段学习、接受与其自身发展水平相适应的战术知识。

第二，综合考虑不同受教学生的各种差异，发现其中的共同点与不同之处，按照求同存异原则，在制定安排课教学方法时，确保每个受教学生都能学有所得，获得发展。

第三，对于具体教学方法的制定，要综合考虑受教学生身心发展的多变性与相对不变性，最大限度地保证教学方法的灵活性和针对性。

第四，着重考虑学生身心发展的个性化和差异性，高校篮球教学的具体实施要具体灵活、因人而异，要有所明确。

## 五、高校篮球教学的科学技术基础

### （一）现代信息技术对高校篮球教学的影响

网络信息技术在社会中逐渐得到普及，及至当下，已成为信息社会生产流程中不可或缺的基本生产工具，现代信息技术的迅猛进步正在给教育领域注入全新的动力和生命力，所起到的深远影响力远远超过预计。在现代信息社会，信息技术的飞速发展，长远而深刻地改变了教育思想内容、目标方法、环境评价等各个方面：网络凭借其高效便利、即时互动的特性而获得了广大师生的认可与拥护，现代信息技术的存在使教育有了更为广阔的平台和更加丰富的资源，其公平性有所提高，在较短时间内，远程教学、多媒体辅助教学等融入现代技术的新兴教学方式，以前所未有的方式迅速融入学生学习过程中，已成为一种无可逆转的全新教学趋势。

要明确现代信息技术对高校篮球教学活动造成的各种影响，前提是明确现代信息技术发展呈现出的主要特点，总结概括来看，主要包括如下方面：

1. 社会环境高度信息化

电子技术及现代通信技术迅猛进步推动了人类社会向着信息化时代飞速发展。诸如可视电话、全球定位系统以及国际互联网、复印机传真机等的发明使电子办公逐渐得到了普及应用。全球化信息高速通道使社会成员的交往、学习工作、娱乐购物等各种活动向数字化方向转变成了现实：在信息化程度较高的社会环境下，信息量逐渐增加，信息传播速度逐渐加快，信息传播方式更加多样，社会成员在信息获得、信息处理等方面的方式及能力与过去相比发生了很大改变，而上述所有都使学校教育教学的创新改革不得不面对更多全新的挑战。

当前，以网络信息技术为代表的现代科技已经融入社会经济的各个方面，执行着信息管理、生产过程管理及设计等任务，成为各个行业的重要生产工具。在以邮电、建筑、传媒、交通、机械制造等为代表的众多行业中，网络信息技术都有着不可取代的作用。从上述不可逆转的趋势可以发现，信息技术对人类社会主要行业及各部门团体的影响在逐渐扩大。对于高校篮球教学来说，信息技术的影响主要有以下方面的表现：

（1）高校及一线篮球教师将在课程制定、教学内容安排等方面做出适当调整，教师要利用内部改革的方式对传统篮球教育教学进行改造，用以与信息时代社会变化相适应。

（2）现代化信息技术的发展势必会在全球范围内引发各个行业的变革，行业变革将会导致市场竞争方式发生改变，进而对高校分化重组产生影响，信息技术在我国各个高校中的普及将引发教学内容及方式等的变化。

2. 实用软件大量涌现

计算机硬件技术的进步推动了大量实用软件的开发，应用到了社会生产生活的各个方面并起到了巨大的积极效用，使人类社会发展进程因此得到了明显推动。当前，在传统文化的基础上，网络信息技术正创建着一种辉煌的新文化，随着历史的发展，这种新文化必将成为人类文明不可取代的重要组成。

以适用软件的出现为例，其创造和应用使篮球教育教学即科学科研工作拥有了更加先进的工具，高校体育篮球教学理应紧紧把握伴随现代化而来的众多机遇。在当今形势下，要将教学、科研与网络信息技术结合到一起，把教育推向高发展阶段。

3. 多媒体的广泛应用

多媒体技术使文字图像、视频信息、动画声音等不同性质信息的有机融合成为可能。

现代信息技术推动了声音信息压缩技术、大规模集成电路、触摸屏技术、语音识别技术等多项技术的进步，多媒体技术使学校教育发生了深刻改变。在传统教学中使用的录音、录像、幻灯、投影等技术，都能够通过多媒体技术展现出来，与此同时，借助多媒体技术能够较为容易地开展设计加工、制作演示，其强劲功能不容小觑。

多媒体技术对于高校篮球教学的影响不仅表现在技术层面上，不仅仅是图文、声画的有机结合，更重要的是有机融合了不同的学科（例如自然科学、社会科学等）。从更高层面上看，其将众多不同社会行业，如通信、影视娱乐、出版印刷等有机融合到了一起，给广大教育科研工作者、一线教师及学生构建了无限创造空间与新的发展机遇。

4. 虚拟现实技术构建科幻世界

除多媒体技术之外，虚拟现实技术的出现同样为教育带来了革命性改变。

“虚拟现实”代指在计算机硬件以及传感器共同支持下构建而成的多维信息交互系统。参与者投入其中，类似进入拟真环境，能够产生身临其境的感受，并具备一定真实环境的功能，实现人与人、人与事之间相互交流信息。借助特定工具学习者能够进入虚拟现实世界，观察感受人创世界中的各种虚拟对象，在工具的帮助下对虚拟世界中各种物体进行感知和操作。

借助虚拟现实环境，学习者能够观察和接触到在现实世界中无法观看和感知的事物，如高分子结构变化、蔚蓝地球的壮丽景观、热带丛林中各种动植物的生长变化。学校教育某领域中，虚拟现实技术能够产生超出想象的教学成效。例如，在“虚拟物理实验室系统”中，研究者们能够在系统中以生动、直观的方式观察和探讨重力、惯性等抽象物理现象，直接感知在现实世界无法感知到的物理现象，从而产生更直观、生动和深刻的理解。研究创制的虚拟篮球游戏，使用者能够在其中进行角色扮演，从而享受篮球运动的乐趣。

5. 现代教学开始进入网络时代

网络对普通民众而言已经不再陌生，网络教育卓然兴起，信息技术使多媒体教学、虚拟大学及远程教育等新兴教学方式得到了蓬勃发展。

网络信息时代环境下，全球范围内的信息量交流数量迅速增加，从根本上转变了广大民众的生活与学习方式。沟通是人类文明的起源，电信科技将全球紧密联系到了一起，刺激了人类世界现代文明的产生，可见，互联网必将对未来文明起主导作用。

网络平台上的海量、无限增长信息资源都会成为教学和科研资源，以学校、社会机构等为来源构建的信息库，将高校教学活动纳入电子信息空间，跨地区、跨国家的合作性教学研究活动成为易事。现代信息技术的价值不仅在于其能够做教学辅助工具或手段，还是构建良好学习环境必不可少的信息来源。可以明确，在未来教育教学中，任何课程没有互联网技术的支持和参与，都意味着失去了基础信息资源的动力。

### （二）未来篮球教学的发展趋势

科学技术的迅猛发展给教育带来了大量潜在可能性，增加了对未来篮球教学发展趋势的预测难度。过去众多涉及教育学、教学论、电化教育的书籍被出版，大众曾经预测在可预见的未来中，科技发展可能对教育带来何种影响、教育可能发生何种改变。然而事实表明，当前信息技术的发展未能被预测，信息时代环境中教育发生的各种新变化更是没有人能够准确预料。

基于当前发展形势可以预测，在未来十年，教育信息化环境将产生重大变化，网络信息技术将成为各个学校的基本教学要素，以网络、数字化电视等为支撑的各种现代化教学活动将转变为学校日常，而诸如语音技术、传感器技术、机器翻译、智能 Agent 等将被普及到实践教学中，社会将有条件为每个学生创建更方便、更自由的学习环境，终身学习变为普遍现象。

在未来，在信息技术的支持和保证下，篮球教学会向“按需教学”的方向转变，换而言之，教学会围绕个人不同的发展需要而展开，因人而异，最大限度推动每个受教个体的进步。新的教学模式将打破时间、空间的束缚，有学习需求的个体能够在网络虚拟世界有所得。以“按需教学”为宗旨构建的网络教育系统能够为学习者提供各种必要的学习服务。

# 第二节　高校篮球教学的理念创新

## 一、教学理念及其对教师的影响

教学理念是在特定的时期内，关于教学活动的信念、态度和观念是教育者们用什么样的方法和观点来进行教学，也是对受教者们进行什么样的观念来接受教学。当人们对学习课程的教学、理解、方法和观点改变了一人、一地、一时的个别情景时，教学理念就整体上升到一个高度，它可以对具体课程的复杂性进行分析，从而深刻理解了教师、学生、教学。我们按照上述观点进行研究，得出教学理念的观点，我们把这种观点理解为：教育者如何对受教者传授有意义的学习内容、学习兴趣、学习规律以及生活习惯进行理性分析，最后形成深刻认识。

篮球教学方面的相关理念主要指教师针对这部分体育教育内容进行讲解的观念性指引，是教育主体贯穿教学过程的连续性线索部分。同样篮球教学也体现着不同教育年限教师对相关学科的经验积累，是在最初历史阶段教育行为基础上经过内容改造而成的，其中包含着对体育类型教育活动的整体和具体细致部分的看法观点。各科目的教学理念都是对教师的具体讲解行为和知识传授过程有指引性影响的效用，只有教育活动中涉及的各主体对其有更深层次的了解把握，才能有更多的人为篮球教学运动提出想法和意见。

在相关学科的整个教育活动中，教师是知识讲授顺序的调整者，固定时间的课堂教育氛围能否实现有效成果的显示与教师的指引性行为有较大联系。

良好的教学理念可以给教师带来成就感，成就动机就是指个人认为有价值或重要的工作，不仅愿意做，还能达到更好的效果。简单来说，成就感就是要取得优异成绩的欲望。我们把这种欲望理解为成就感，成就感是一种力量，可以驱使实现人们认为值得但是并非有利益的东西。成就感强的人，对自我实现多于利益，这些人往往能从成就感里得到满足，能提高和控制自己，积极主动地工作，在闲暇时进行学习。

在教师讲解相关学科知识的教育课堂中，能否在理论性专业知识的传授过程中形成成就感是影响最终教育效果的核心要素。教师可以在固定时间限度内依据预先设置的教育流程使课堂完整进行，或在相关知识点的教育活动中某些教育语言得到学生评价话语的肯定，都可以增加教师教育活动中成就感的达成。教师这一知识内容的讲授者极易在正常的教育课堂中产生精神层面的情绪感受变化，教师从课堂氛围中获得积极性的情绪体验可以使学生知识的掌握效果达到最佳。如果教师无法在自身正常的教育工作中感受到价值方面的作用体现，会使教师从事教育行为精神方面的推动力明显下降，对学生基础的新内容顺序的调整也无法更贴合学生的能力承载状态。只有教师有积极精神情绪体验作为开展教育行为的指引要素，才能使学生的技巧总结活动和知识吸收效果达到最优。

## 二、篮球教学理念的创新

### （一）兴趣第一，注重体验

高校公共篮球课的学生上篮球课多是从兴趣出发的，希望通过篮球运动放松身心、缓解压力。他们关注的大多并非自身篮球运动的竞技水平，而是通过篮球运动带来的健康、愉悦、放松的体验。这就要求教师纠正过于强调篮球技术和战术水平的竞技化教学理念，明晰公共篮球课和篮球专业队训练的区别，强调以人的健康为主要目标，突出篮球的健身功能。本着兴趣第一的宗旨，把培养学生对篮球的兴趣、培养终身体育锻炼的意识作为教学的基本出发点，引导学生主动参与到课堂学习中，形成良好的课堂氛围。

#### 1. 技术训练，激发学生兴趣

采用多样化的技术训练形式以提高学生的兴趣。篮球运动知识、运动技能以及战术的掌握是影响高校学生参与篮球活动重要因素之一。篮球技术的提高有助于提升学生的自信，激发学生对篮球运动的兴趣和热爱。可以适当改变技术教学的形式，在学生基本掌握动作要领的前提下，增加一些比赛和游戏内容，比如，运球接力比赛、行进间上篮接力比赛、投篮比赛等，在各种游戏活动中加入所学技术动作等。这样既提高了学生的兴奋点、增强了娱乐性，也有利于强化技术动作，从而提高学生对篮球课的兴趣。

2. 体能训练，让学生体验乐趣

现代篮球运动的发展趋势越来越注重快速的攻防转换以及加强身体对抗，对参与者的身体素质要求越来越高。为使学生主动参与、克服对体能训练的恐惧心理，可以把一些拓展训练中的理念引入到体能训练中。拓展训练中常见的一种方法是把个人视为团队的一个重要组成部分，在集体竞赛中，如果一人失误，则其所在整个团队就要“买单”。在技术训练中，有很多需要团队配合的活动，教师就可以在其中加入体能训练，比如“运球接力”游戏，要求每个学生都要在尽可能快速到达目标地点的同时避免出现失误，假如在运球过程中一名学生出现失误，导致其所在的整个队伍落后，那么，整个队伍就要接受“惩罚”，教师可以根据训练计划“罚”做15个俯卧撑，或者原地深蹲起等。通过这种非刻意的体能训练，学生们既提高了技术、增强了心理素质和团队协作能力，更在不知不觉中得到了身体素质锻炼。在素质训练中，教师要根据学生情况，合理调整人员，使每一个同学都能参与并得到锻炼，达到规定的强度要求。

3. 积极鼓励，让学生享受乐趣

在教学过程中，教师要积极鼓励学生。通过一个肯定的眼神、一句简短的话语，及时肯定学生的努力，就会使学生不断增强自信、享受上课的乐趣。学生的篮球水平有高有低，对于技术较好的学生，要鼓励其发挥带头作用，还要指出不足，促使其技术进一步提高；对于技术较差、基础薄弱的学生，则更要不断激励，及时肯定其进步，必要时可进行单独指导，使其信心不断增强，最终使整个集体的技术水平实现较大突破。

### （二）区别对象，因材施教

在篮球教学中，基于学生基础不同及男女条件差异，教师要采取不同的内容和教法，各有侧重地进行课堂教学。

1. 分类教学，因材施教

教学之始，教师应依据篮球的基本技术（运球、投篮、上篮等）对学生进行了解和大体分类。分好等级后，可根据学生的具体情况制订、修改教学计划，采用分类教学。

第一类学生，热爱篮球运动，技术较为全面，身体素质较好，篮球运动水平较高，并熟悉篮球比赛规则，能够自主进行比赛。可以传授给他们更专业的篮球知识、技能，如战术配合、个人技术等，使他们更深入全面地了解篮球运动。

第二类学生，基本懂得篮球规则，有一定的篮球基础，渴望提高篮球技术，可进行独立练习。应从巩固基础入手，并使其更全面地了解篮球规则以及简单的技战术。

第三类学生，对篮球规则不熟悉，无法进行独立练习，需要教师进行特别指导。应先从基础抓起，首先要传授篮球运动的基本概念、基本篮球技术、基本篮球规则等初级内容，让他们熟悉基本技术，培养他们主动练习的兴趣。

#### 2. 男女有别，因材施教

男生在进入大学之前，大都参加或接触过篮球运动，并且运动积极性较高，对于男生技术水平的要求，要高于女生，并应在夯实基础的前提下进行完善和提高。

一般女生篮球运动的特点则是基础较差，身体素质较为薄弱，且有生理周期，对篮球的热爱程度要低于男生。教师应以培养兴趣和锻炼身体为主要目标，从基础教起，怀着特殊的耐心和关心对待学生的不适，当然，也要注意培养她们的坚强和毅力品质。在课堂上，可安排娱乐性较强的游戏，保障学生有足够的运动时间，循序渐进，降低体能训练强度和对抗性，在比赛的时候适当放宽规则尺度等。

总之，要分类指导、全面调动，让学生都有收获。

### （三）全面考量，科学评价

应改变忽略学生差异、“一刀切”、“一次定” 的考核方法，制定更加灵活、全面的综合考核标准。

第一，分类评价。在分类教学的基础上，当最后课程结业时，对不同类别的学生，可采用不同的考试内容和评价标准。这样既可以达到考试评价的目的，又激发了全体学生对篮球课的兴趣和参与热情。

第二，综合考量。对于高校公共体育课而言，学生参与是第一位的，为了提高学生的上课积极性，可以划出一部分分数，这一部分分数的高低取决于学生上课的出勤、学习态度、进步程度等。这种评定方式有利于使学生端正学习态度，重视体育课学习，与教师共同创造和谐良好的课堂环境。

第三，阶段测评。定时进行阶段性评价，可以使教师最直接地全面了解学生的学习进度和技术的掌握情况，而教师也可以根据学生的反馈调整教学方法和内容，满足学生的需求，提高学生学习的积极性。通过阶段性测评，教师还可以对不同学生的学习程度进行及时评价和调整，使每个学生都可以充分掌握适合自己的篮球知识，并激励学生不断进步，达到更好的学习效果。

在新的社会发展时期，高校篮球公共课更应不断创新教学理念，以激发学生兴趣为先导，通过各种手段创新，提高学生参与篮球运动的积极性。同时，以提高学生体育技能和综合素质为目标，建立多样化的考核评价体系，做到以人为本、因材施教，使篮球课成为促进学生身心健康、全面成长，深受学生喜爱的体育课程。

# 第三节　高校篮球教学的内容创新

## 一、教学内容与篮球教学内容的相关概念

教学内容，即学校教学中传授给学生的包括知识思想、技能技巧、观点信念、言语行为和习惯等的总和。我国把规定教学内容的文件称作教学计划、教学大纲和教科书，它们是教学内容的具体化。

### （一）教学内容的相关概念

1. 教学内容、课程与课程内容

在传统教育模式中，课程和教学内容、课程内容和教学内容相互关系容易出现混淆。须承认，课程及教学内容、课程内容及教学内容彼此存在关联性，关联性的客观存在也是众多专家学者容易混淆这几个方面的原因，然而从本质上看这几个方面相互之间存在区别。课程应包含教学内容，课程内容代指内容选择与组织设置；教学内容则代指教学过程中以教学内容为对象的选择与加工，是教师实施的、作用于教学内容的加工处理、删减补充、改变替换等教育工作过程，是师生针对当前课程内容为对象开展的教学活动，也是师生对课程内容的发展和再创造。在课改理念的指导下，教师加工、处理课程内容以及师生协作互动创建发展新内容得到了重视。

2. 教材、教材内容与教学内容

教材即教科书，指代用图形、文字等语言符号的形式表现出来的一定教学内容的教学用书，是以事实、原理等形式来表述教学内容知识体系的，教材是教学内容最直接、最常见的物质载体。教材与教学内容并不等同，教学内容中的直接经验、情感经验等是不能通过教材体现出来的。从某种意义上说，教学内容涵盖了教材，教材是教学内容的直观体现。

将教学内容与教材内容等同起来，原因在于教材内容、教学内容二者紧密相关，教学内容源自对教材内容的演绎，最终发展成为对教材内容发展再创造。教材内容属于教材具

体化的概念，解决的是“用何去教”问题。教学内容则是学生学习、知识内化的具体资源，由教师加工处理得出，理想状态下教材内容能够实现“课程内容教材化”“教材内容教学化”。在当前时代环境下，教师需要做出调整应对，更新陈旧教学观念，凭借创造性思维客观审视教材，拒绝神圣化，将学生知识技能学习与身心全面健康发展视为教材追求的“范例”，灵活使用并正确把握教材，使教材服务于教师和学生，并紧随时代发展积极推动教材创新和深加工，教师由以往的“教书匠”向“研究者”方向努力转变。

3. 教学内容与课程资源

课程资源是课程改革推进、教学设想实现的坚实保障，倘若没有课程资源，则课程改革必将变成空谈，会因为无法转变为现实而最终失败。课程资源的丰富程度与适合程度在很大程度上影响并决定着教学目标向现实的转变，因此，明确课程资源的具体含义是十分必要的。

包括课程形成要素、课程来源及课程实施必要条件等在内多种因素，只要能够帮助课程目标的实现，都能够被称为课程资源。课程资源包括显性与潜在两种类型，诸如图书馆、资料室等属于前者，诸如良好学习风气、平等互助的课堂学习氛围等属于后者。课程资源范围十分广泛，包括直接对课程起作用的素材性资源（知识技能、经验能力等），通过影响其实施范围与水平而对课程起作用的条件性资源（人力、财力、物力等）、物质形态资源（科技设备、文化馆、古迹等）、精神形态资源（价值观念、行为准则、风俗风气等）。从对课程资源的大致理解可以得知，其都有教授和学习价值，能够全面支持教学活动的开展，教育价值主要体现在对学习的服务上，因此，教师和学生按照既定标准对其做出筛选加工后，课程资源完全能够融入课堂教学中，完全能够被视为高校篮球教学内容的有机组成部分。

## （二）篮球教学内容的相关概念

1. 学习活动

人类社会发展进入20世纪之后，科学技术进步在社会发展方面的推动作用逐渐明显起来，这一现象在教学发展中也有明显反映。如利用成人活动研究来识别各种社会需求，后进一步将其转化为课程目标，再后将课程目标转化为学生学习活动，使其作为教学内容而被落实，即著名的“活动分析法”。

某种意义上可以说，“教学内容即学习活动”的取向是对前面提及“教学内容即教材”的反对。这种教学内容取向重点并不在于呈现、传递给学生系统性的理论知识，而在于鼓励学生积极参与各种类型的学习活动，突出的是学生外显性学习活动。十分重视外显以及动态性内容，并将这种内容作为教学内容。众所周知，实际来看教学内容包含的仅仅限于直接经验形态的内容，将课程与学习活动等同起来是有着一定局限性的。国内篮球教育领域中持有这种观点的并不多见，在大多数情况下，“教学内容即教材”的观点才是普遍被认可和接受的。

2. 学习经验

“学习经验”最初是教育学以及心理学中的术语，经过演变，学习经验也变为教育教学理论中的常用语。将“学习经验”归纳到教学内容之中，重点在于强调学习质量最终决定因素，最终决定了教学质量的是学生自身而并非教材，学生是教学活动的主动参与者。提出教学内容中呈现的知识只能被“学”会，并不能由“教”而会。这是一种将教学内容看作学习经验的内容取向，对于强调学生在教学过程中的主体地位、发挥其主体作用十分有利。但同时在另一方面也使课程设计不得不加大了难度，原因在于只有学生自身才能够对这类经验的结果以及现时的状态有真正深入的了解。然而若按照这一理论出发将教学内容的支配权交付于学生，则其结果也就可想而知。在高校体育篮球教学改革过程中，有关“以学生为主体”的主张日渐高涨，这种教学内容取向也被经常提及，然而在选取、组织教学内容的实践过程中，则较少有相关实践行动。

上述不同的教学内容取向，是分别站在不同性质形态知识表现以及课程实施过程角度的教学内容审视，无论哪一种都有着一定的合理性，然而无论哪一种也都存在明显弊端。教学内容与教材、各种学习活动、各种学习经验都不等同。如若坚持单一某个方面，忽视或无视其他方面，将几者的关系对立起来，这种做法对于高校篮球的教学内容改革来说都是不值得提倡的，相反，应该着重考虑的是怎样处理好几者之间的相互关系，使其能够有机融合到一起。

## 二、篮球教学课程内容创新发展的意义

对于高校篮球教学来说，选取组织教学内容的问题直接关系着课程目标能否顺利实现，对于实施课程教学活动来说有着极为重要的意义。

首先，教学内容同教学目标相互的逻辑联系紧密而不可分割。课程内容科学性、合理性的程度深浅对教育目标、课程目标最终实现有着直接的制约作用，也间接地对体育教育专业篮球人才培养规格、质量等有着影响。课程内容的不同内在结构，直接作用于学生素质培养方向、学生各项发展结构。正是由于上述的客观逻辑联系，无论是在哪个时代背景环境下，课程教学内容必须始终不断地探索“什么知识最有价值”的问题答案。

其次，对于高校体育篮球教学来说，课程内容对篮球课程实施过程中各项教学活动开

展的方式以及方法等有着直接影响。受直接经验教学、间接经验教学二者的模式、方法等方面的本质性不同限制，高校体育篮球教学内容性质、编辑逻辑顺序等必须在课程具体的实施过程中灵活处理合理应对。归纳来看，教学内容的科学合理性对于高校体育篮球教学的创新发展而言是核心问题。

## 三、高校篮球教学内容的选择与组织

### （一）教学内容选择的影响因素

文化知识产生于人类社会，不能与之脱离而单独存在，因此文化知识必然会受到社会中各种因素的影响。高校篮球学科课程同样如此，其存在和变化发展会被各种因素影响，分析影响教学内容选择的因素问题，旨在于确保教学内容选择的科学合理。

1. 教育理念的影响

每个学校在教育实施过程中都遵守着其自身教育理念，按照理想的人才类型培养学生，这种教育理念最终通过教学目的表现出来。教育理念对高校篮球教学内容的选择有着极强的影响和制约作用。根据理念中对人才的定义确定培养目标，根据培养目标选择相关教学内容，才能最终将主观层的期望转变为现实。对于坚持专才教育理念的学校来说，高校篮球教学内容需要高度专业化，避免学科内容交叉，避免其他学科在篮球教学内容中的渗透；对于坚持通才教育理念的学校来说，篮球教学内容需要同科学、艺术融合起来，即使是诸如纯技术、纯战术等专业性较高的教学内容，也需要其能够蕴含有艺术美、音乐美的相关内容。可见，教育理念在教学内容的选择上有着不可忽视的重要影响。

2. 社会需求的影响

教育目的之一在于为社会需求培养人才，因此高校篮球教学内容被社会发展需求所影响具有必然性。要更好地实现教育价值、达到教育目的，需要明确社会对高校篮球教学内容的制约作用是如何实现的。总结来看，其作用方式主要包括科学技术、人的异化、社会交流等方面。

对于高校篮球教学内容的选择而言，科学技术的迅猛发展是其首要社会制约因素，纵观当前人类社会，百分之百的机械化、自动化在工业生产领域屡见不鲜；信息化、网络化社会环境已经初步形成；教育技术的信息化转变已无可逆转，种种迹象都要求着高校篮球教学内容必须保证现代化，这样培养出的未来体育事业人才能够与飞速发展的社会相适应。因此，教学内容的选择过程中，必须合理安排科学新知识的学习以及相应的能力训练，确保学生能够不被科学技术飞速发展的时代所抛弃。

人的异化同样是对高校篮球教学内容的选择起到制约性作用的社会性因素。人的异化代指，在科学技术迅猛发展的环境下，随着物质生活条件极大丰富而出现的人的自身庸俗化，乃至人性丧失，是一种不良社会现象。高校篮球教学在内容选择过程中必须突出思想道德上的教育，确保学生能够通过教育养成积极健康的道德信念，实现人性回归。

社会交流也制约着高校篮球教学内容的选择。信息技术普及使当前人类社会产生了如下现象，人与物的交往提高同时人与人的交流降低。高校篮球教学内容的选择要注意这一点，适当增加需要教师、学生相互之间沟通交流的内容，推动教师与学生在相互交流沟通的过程中产生感情层面的沟通，增加篮球教学的人文色彩，使篮球教学内容适应当前时代发展需求。

### 3. 学生心理的影响

高校篮球教学的内容选择必须重视大学生心理因素，受教心理发展水平在很大程度上决定了篮球教学内容数量多少和难度深浅。高校篮球教学内容要同受教学生心理发展相适应，以学生心理发展条件为参考，对教学内容做出适时调整。

大学生心理和认知特征并不是固定不变的，而是渐趋发展成熟的动态变化过程，要保证学生心理能够健康成长，篮球课教学内容的选择要重视时代性和针对性、兴趣性。从已有科学知识体系中选取的材料包括经典与新创造两种，为满足学生好奇心，激发其学习和探索的欲望，就不能一味注重经典性，也需要适当加入新颖的、当前时代环境下的新内容。根据大学生心理特点，教学内容不能千篇一律，要选择有针对性的知识及相应的能力训练，穿插加入部分隐性内容，在潜移默化中影响学生，引导学生向适合自身的个性化方向发展。而所有教学内容的最终确定，都必须充分考虑学生兴趣，要时刻关注学生兴趣所在，避免教学内容选择过于僵化，避免学生产生厌学心理。

年龄与所处环境对于学生心理发展都有着影响和制约作用，各年龄段学生的心理个性各不相同，因此对教学内容提出了不同要求，选择教学内容及按照教学进展适时开展调整时必须将学生心理状态以及发展潜力考虑在内。除年龄因素的作用之外，学生心智功能发展同时也在很大程度上受外界环境影响，现实表明，在某种特定环境下部分学生展现出了良好的发展趋势，高校篮球教学的内容选择必须将此类因素考虑在内。若仅考虑知识讲授、思维和行为训练，而忽视学生自身内部条件、心理发展水平，选择出的教学内容必然徒劳无功。这类预估有重要的教学指导价值，重点在对广大教育者们的提醒，重视高校篮球教学受教学生的心理特征，就高校篮球教学的内容的选择和组织而言影响深远。

### 4. 篮球运动知识变化的影响

篮球运动的知识改变对于篮球教学的教材内容演变有着最直接的影响。知识更新换代、发展丰富，教材必须相应更新并增加新知识；知识老化过时，教材也必须相应淘汰旧有知识，面对这类有增加、有删减的复杂制约性，应正确处理教学内容的选择。

（1）将篮球运动知识的逻辑体系做重要参考，以此为前提组织教学内容。换而言之，要站在系统论角度，选择对教学目标实现有良好推动作用的相关内容。此外，要兼顾受教大学生身心发展水平以及教学开展所必须遵循的客观规律，用逻辑力量为框架将篮球理论知识序列系统性组织成为和谐的整体。其间，随各种因素变化而必须实现的知识增减更新，都要在逻辑因素动态制约下进行。

（2）在逻辑系统内明确篮球知识范畴，必须认识到基础性知识在教学中无可取代的地位，使其成为教学内容必不可少的选择，其基础作用是无可替代的。举例来说，传、运、投等基本技术在篮球运动中可以说是最重要和最具有基础性的，这部分知识不可能因为新技术出现而失去其基础性作用和地位。时至今日，这部分知识在篮球教学各阶段中依旧都是必学的内容，对于篮球专业的受教学生而言同样也是必须熟练掌握的基础性技术。可见，教材编选者需要关注篮球运动知识的基本范畴，保证必要性、基础性教学内容不会遭到遗漏。

（3）明确篮球知识体系模块构成对于教学内容的挑选来说，有着根本上的指导意义。任何学科本质上都是不同范畴构成的模块，不同模块以逻辑力量为框架，紧密联系并最终构成完整知识体系。高校篮球教学的内容选择过程中，最有利于保证教材内容增减的科学性和顺利实施的是明确篮球运动知识模块。纷纷涌现的新知识是信息爆炸时代给予教育发展的新挑战和新契机，面对这一挑战与契机，明确哪部分知识能够同原有知识模块相融合，哪部分知识能够发展成为新知识模块，哪部分知识能够被移除到教学范围之外，哪部分知识能够被进一步简化，是众多篮球专家与教育学者们需要为之共同努力的。可见，对篮球运动知识模块构成问题的分析，对教材内容选择有重要影响。

总而言之，高校篮球教学内容的选择受多方面因素的影响和制约，除教育理念、社会需求以及大学生心理之外，还包括社会风俗、地区环境等。

### （二）高校篮球教学内容的组织与教材编写

篮球运动知识固然已经形成了独立的逻辑系统，然而篮球运动知识的逻辑系统并不等同于篮球教学内容的逻辑系统。教学内容要生成逻辑性，需要教育者的进一步努力，综合考虑多种因素，严密进行科学组织，使各个部分科学紧密地联系来，确保其容易被学生掌握。篮球教学内容逻辑性的生成、逻辑系统的构建也就是下面要讨论的，有关高校篮球教学内容的组织问题。

1. 教学内容组织的原则

高校篮球教学内容要实现系统化和组织化，必须遵守教学内容组织原则做出编排，大致原则如下：

（1）知识条理性。篮球运动知识体系的产生并非一蹴而就，而是经历了漫长的历史发展和演变过程，各种知识的出现是有一定先后顺序的，并且相互之间按照一定的逻辑顺序连接起来构成了篮球知识体系。坚持条理性原则即需要以某种顺序为依照，安排组织教学内容。

坚持条理性原则需要以时间顺序为突破口，按照从过去到现在的顺序组织教学内容。例如讲授篮球运动起源发展时，要遵从篮球运动最初发明者开始按照历史进程演绎运动的发展过程，这样才能使学生学习思路清晰明了，使教学活动事半功倍。在遵守时间顺序的同时，要坚持条理性原则组织教学内容，同时也需要从知识的逻辑联系、知识的系统化等不同层面深化理解。

（2）知识基础性。高校篮球教学的内容选择与组织，必须始终贯彻打好技战术、牢牢掌握理论基础的原则，对于高校篮球教学来说，基础知识等同于其构建和发展的根基，有坚实的根基支撑，篮球学习这个系统而庞大的建筑才能屹立不倒。知识基础的最终确立必须由篮球专家进行，作为篮球运动知识权威，各专家对篮球运动知识构成基础有着正确、清晰的认识，由其选择能在最大限度确保教学内容科学客观。专家需要从教学规律出发，提出有关篮球教学的基本要求，用科学方式将篮球基础知识转变为篮球教学内容的基础，如若不然，则篮球基础知识不能发挥出在教育过程中应有的基础性作用，没有良好基础，教学内容的组织自然也无法顺利实现。

（3）知识关联性。高校篮球教学内容彼此之间并非是孤立存在的，包括概念事实、原理法则等在内的各方面内容彼此紧密联系并通过联系而构成内容整体。因此，教学内容的组织安排必须关注各部分内容彼此之间的关联性。要关注高校篮球教学内容自身具备的逻辑关联，例如教学内彼此之间的纵向时间联系、横向的逻辑发展联系等。明确不同部分知识内在关联性，有利于确保教学内容组织的系统化。还要关注学生知识学习的关联。组织高校篮球教学内容过程中，要联系学生的认知，从学生具备的知识、经验、认识出发，延展引出新学习课题、新研究问题，启发学生展开新探求、新思考，对其已经具备的知识经验进行丰富拓展，通过关联性使学生扫清学习新知识、新技能的障碍，在能力培养上取得更高成就。

（4）知识实用性。组织确定高校篮球教学内容要确保其实用性，不能仅停留在理论层面，同时更要确保内容的组织对于训练、教学实践都有着积极效用，换而言之，高校篮球教学内容的组织，对于教师来说要实用，对于学生来说也要实用。

例如，教材的编写是教育者主观作用下产生的，作为主编人员，必须协调知识的基础性、清晰性、关联性等问题，最大限度地实现主客观吻合，保证最佳效果的产生。要确保其实用性，编写人员需要慎重考虑篮球教学内容的范围及顺序、要求等，思考做出的组织安排是否能够帮助篮球教师的教以及受教学生的学，倘若能够做到帮助启发学生思维，激发学生自主参与，那么教学内容的知识安排，也遵循了实用性原则，体现了内容组织的价值，获得师生双方的好评。

高校篮球教学内容的组织安排需要充分考虑上述四方面具体原则，凸显条理性、确保顺序性才是保证高校篮球教学内容组织具有科学性的必要条件。

2. 教材编写的准则

在明确了高校篮球教学内容上的选择标准以及组织原则之后，要通过教材展现出来，因此编写教材需要遵守以下准则：

（1）最优系统性。篮球运动的知识构成复杂、总量庞大，学生学习的时间和精力有限，因此，教材需要保证提供给学生的知识最为充实、系统。教材编写要确定最佳容量，这样才能保证教学实践中，教学内容最优系统性准则能够发挥其应有作用。

（2）最普遍应用性。最普遍应用性原则是教材内容选择上要着重考虑的，例如篮球运动中，跑、跳、投、运、传等内容一直是篮球教学的普遍内容并会在将来一直延续下去，是受教学生必须学习的内容。需要特别说明的是，也存在部分内容适合少数人的教学活动，这部分内容并非不适宜被纳入教材之中，也并不是没有用处，对于部分专业人士来说，这些教材内容的选择同样遵循了普遍应用性原则。

（3）最适宜传授性。高校篮球教学内容的最终确定，同样要考虑是否适宜传授给学生同高校篮球教学不相适宜的内容，即使有很高的教育价值，也必须考虑重新挑选。教材逻辑性需要能够和受教学生认知发展程度保持统一。详细来讲，就是教材内容中，知识逻辑性需要和受教学生的认知发展保持相同层次，即如若学生技战术发展水平处于初级阶段，则相应的教材逻辑性也需要选定在初级阶段。只有保持教学内容逻辑性和受教学生认知水平的相互统一，教材才更易于被学生理解和接受，不会因逻辑性过强、超出学生认知而导致厌学心理产生，也不会因逻辑性过于简单而对学生认知发展毫无帮助。

（4）最全面发展准则。高校篮球教学教材内容的选择方面，不能仅局限在学生知识技能的掌握上，同时也要关注对学生能力发展的推动以及对学生个性发展的促进。

## 四、高校篮球教学内容的创新

要弥补传统高校篮球教学内容上的不足之处，教学内容与时代、社会发展需求相适应，就要对传统教学内容实施改革，开展教学内容的创新。实施创新的问题，具体可从如下方面着手：

## （一）树立观念，强调创新人才培养

进入21世纪以来，创新逐渐在时代精神中占据了重要席位，创新精神是国家和民族进步的不竭动力与坚实支撑，创新精神、意识和能力的竞争可以说在很大程度上决定了各国国力的竞争。而个体的创新精神、意识与能力养成的最有效途径是教育。

信息技术展现出的前所未有的发展趋势以及随之到来的知识经济时代，将掌握高新知识、具备领先技术的人，特别是有着较强创新意识与能力的篮球人才，变为能够对国家、民族的国际竞争力量起着决定性作用的重要战略资源——教育是新知识传播、创造和运用的主要领域，是创新人才养成的主要方式。

高校篮球教学要实现创新人才培养，必须在教学观念方式、内容手段、方式评价等等各个方面做出深入改革发展。面对这一复杂形势，要以观念创新同内容革新为突破口着手推进。篮球教师需紧紧把握新课程改革的难得契机，适时更新教学观念，构建教学创新观，时刻关注时代发展趋势、社会变化以及受教学生实际发展状况，在此前提下，对高校篮球教学内容进行更新重组，为学生提供最新、最具科学性的知识和理念。与此同时，高校篮球教学实践过程中，授课教师要改变过去落后的教学行为，重视学生在教学中的主体地位，要强调学生在批判质疑、创新探索上的精神培养。从某种角度上可以说，篮球教学过程中，发生在教师同学生之间的任何交互活动都将转变为各种形式的学习内容、学习经历，并最终在学生思想意识领域中留下印记，在潜移默化之中对学生之后的发展起到长远而深刻的影响。

高校篮球授课教师，必须有意识地建立起教学创新意识理念，对学生“奇思妙想”持有尊重鼓励态度而非一味否定打击，要关注学生的好奇心、探索欲，要从当时、当地的情境出发因势利导，通过潜移默化的方式培养学生的创新观念意识，使学生的创新精神和能力得到强化。

## （二）深入开发与充分利用篮球课程资源

从课程理论角度出发，课程资源的开发价值至少要经过三层检验筛选才能最终确定：第一层检验为教育哲学，即有价值的课程资源需要能够帮助实现教育理想、推动办学宗旨转变为现实并能够反映社会发展需求与进步方向；第二层检验为学习理论，即有价值的课程资源需要同学生学习的内容条件保持一致性，要能够与学生身心发展特点相符合，能够同学生兴趣爱好、发展需求相适应；第三层检验为教学理论，即有价值的课程资源需要同教师教育教学修养的实际发展状况保持有一致性。由此可知，高校篮球教学内容的创新必须经过这三重标准的严格检验，只有完全通过才能够被作为必要课程资源而被归入到高校篮球教学层面当中。

在实践过程中也必须认识到，深入开发与充分利用后的课程资源价值体现的关键依旧在其是否能够在高校篮球教学实践中发挥出应有效用。实践是检验真理的唯一标准，只有在融入高校篮球教学实践并真正发挥出积极效用后，教学资源的存在价值与应有意义才得以彰显。深入开发与充分利用篮球课程资源可从如下方面入手：

首先，从调动一线篮球教师积极主动性入手，实现篮球教师课程资源的最大限度开发与利用。篮球课程资源缺乏的原因多种多样，其中，教师薄弱的课程意识也是引发这一问题的重要原因，当前一线篮球授课教师普遍未能充分意识到自己也是课程资源的重要组成部分。当前形势下，教育改革的深入要求篮球教师不得不面对挑战、应对新要求，其中极为重要的一项就是教师具备课程开发能力及相关专业素养。篮球教师在很大程度上对鉴别课程资源开发新资源、积累生活中的课程资源以及二次利用资源等方面起着决定性作用，举例来说，篮球教师自身的学识积累、能力技巧、经验经历等都能够与篮球教材有机融合到一起，使篮球教学课程资源得到极大丰富。可见，调动广大授课篮球教师积极性，使其树立起课程资源开发意识，对于篮球教学资源的开发以及教学发展的推动来说有着显著重要性和必要性。

其次，以广泛调查作为参考，明确篮球课程资源的开发类型以及开发方式。社会调查要保证广泛性和代表性，对当前社会环境下篮球人才素质的基本要求有所明确和具体，对当前社会环境下篮球课程资源开发利用的选择范围有所明确和具体。要特别以学生为对象开展广泛调查，对当前学生篮球课程资源方面提出了何种需求、对篮球课程资源表现出了何种兴趣以及何种篮球课程资源能够对学生学习发展起到帮助作用有所明确和具体。确定了开发利用的篮球课程资源的类型后，开展广泛调查，收集意见建议确定资源开发与利用的详细措施，从实践层面确保资源能够以更加高效顺利的方式切实和高校篮球教学融合到一起，全面具体地为篮球教学活动和受教学生发展服务。

最后，培养独具特色的校园篮球文化。校园篮球文化本质上是教师与学生之间的传统习惯、价值范围思维行为方式等的综合体现，是在校内、班级等特殊场所，由校园个性化社会结构、成员共同发展目标等的支撑而产生和发展起来的。校园篮球文化作为课程资源来说有一定特殊性，具有非学术性、隐性课程的作用，能够帮助潜移默化地培养学生健康人格，促进学生的情操陶冶。

### （三）开发利用学生资源

高校篮球教学设置的出发点是学生发展，课程变革的出发点和目的也是为帮助学生实现更好的发展。作为重要篮球课程资源的学生，同样需要得到必要的重视，高校篮球教学内容选择与组织，必须将受教学生身心发展实际状况充分考虑其中，重视学生兴趣爱好、认知水平、情感个性等方面的差异性。同样的，教师在开发与利用学生资源过程中，必须更新传统教育教学理念，正确认识并充分尊重学生作为独立个体的差异性，保证学生在教学活动中的平等权利，重视学生的教学主体地位，最大限度地发掘学生内在潜能，因势利导并科学开发利用，使学生资源能够转变成为大学篮球教学内容中直接形象、鲜活具体且充满了生命力、个性化的教学资源。

### （四）创设良好多元的教学情境

20 世纪 80 年代末期，建构主义思潮从西方兴起，建构主义从新视角提出了针对知识、学习、教学的解读。在建构主义来看，知识有复杂性、建构性、社会性、适应性以及情境性，知识由个体建构而成，学习并非从当前世界中发现意义的活动，而是个体借助活动、对话、交流等方式实现意义建构的过程。对应的，高校篮球教学需要积极创设教学环境，构建“学习共同体”“学习者共同体”，引导学生切实、主动地融入教学活动中，自主探索并发现问题答案，从而实现自身知识体系、认识系统等的建构。总而言之，建构主义理论中，对于创设科学性、多元化的教学情境是极为重视的。

高校篮球教学的实现体现了教师学生以及内容与环境的互动成果。在建构主义、后现代主义和新知识观指导下，当前，教学观念理念产生了很大程度的更新转变。多元教学观提出，教学具有非确定和非预设性，学习是动态的知识建构和创生活动。教学过程中，篮球教师不能仅发挥“扬声器”作用，教师需要帮助学生实现知识能力构建，情感态度和价值观培养，教师需要成为课堂上的引导者、教学活动的促进者以及学生学习活动的合作者，学生需要积极接受篮球教师引导与帮助，发挥主观能动性，成为学习的创生者。

高校篮球教学情境创设对于教学的推动作用不言而喻。宽松和谐、平等民主、积极生动的教学情境能够帮助学生勇敢提出质疑、进行批判，不惧怕冒犯权威或触犯错误。学生思维活跃性能够被最大限度地激发，创新意识、能力能够得到有效提高，对于学生全面发展来说也更有帮助。高校篮球教学中，构建多元教学环境就需要在教学过程中适当增加教师和学生以及学生相互之间的互动教学内容。以交流交往、对话合作为支撑构建起来的多元教学情境以及在此情景下衍生出的教学内容，同样也是高校篮球教学内容的重要组成，相对比来看，这部分内容属于隐性教学内容，对师生生存状态改善和自身价值实现意义深远，借此内容教师和学生能够切身感受到教学活动的内在生命力和丰富多彩的艺术感。

针对隐性教学内容的教学活动的进行，在大部分情况下是无法以师传生授的方式开展的，只能在某些教学情境中，借助篮球授课教师和受教学生的非言语交流才能实现，可见，对篮球教学非常重要的隐性内容的教学是必须有良好教学情境做支撑的。由此可见，良好多元教学情境的创建对于高校篮球教学内容创新而言是不可或缺的重要策略。

### （五）借助多元方式全面提高教师素质

教师素质以及其在教学过程中所能起到的作用对于高校篮球教学内容的创新而言有着关键性影响。在新课程改革大环境下，对比以往篮球教师的课程意识有了极大程度的拓展，高校篮球教学内容展现出了以往不具备的开放性、不确定性和动态生成性特征，客观上要求着篮球教师需要具有课程资源的开发能力，成为课程创新发展的推动者。种种客观要求体现了对篮球教师作为课堂教学主体的尊重，对其教学创造性能力的重视：一方面是为篮球教师能力发展提高创造的新机会，另一方面也是对篮球教师提出的严峻挑战。广大教师是否能够适应上述新变化，是否能够在新形势下承担起诸多重任，是否能够顺利实施预期中的有效教学，都同教师素质、能力有密不可分的关系。借助多种方式全面提高篮球教师素质是十分必要的，对于广大篮球教师来说，全面提高自身素质、承担起历史和现实赋予的育人职责依旧任重而道远。

## 五、高校篮球教学的教材建设

### （一）确保准确定位

教材与其他各种教学素材有很大不同，从其产生来看，是以课程目标实现为出发点，由某种目的、思想作为支配组织选择的教学内容材料。可见，教材的产生就伴随有定位问题。在高校体育篮球教学课程教材的定位问题上：

首先，必须坚持围绕服务于实现课程目标的中心，没有课程目标的实现作为中心，课程教材也自然不再具有自身价值，教材建设将无从谈起。

其次，要明确教材是教学知识内容的具象化载体与媒介，是将教师与学生联系到一起的重要桥梁。站在这一角度来看，教材需要为教师的“教”提供“教程”功能，同时也需要为学生的“学”提供“学程”功能。

最后，篮球教材编写要把握好难易程度，要综合考虑教师以及学生两方面的接受理解水平，如若过于繁难，则会给教师的教材使用带来更大的难度，同时也会导致学生的学习活动更加艰难；如若过于简单，则会导致教师不能够探索习得新知识、新方法，同时也会导致学生丧失教学内容的研究学习兴趣。对教材难易程度的把握和定位在高校篮球教学活动中难度很大。在一般情况下，教材编写指导思想之中会充分体现教材定位，换句话说，指导思想即教材的定位说明。

### （二）强调基础性和实践性

选择与制定教材内容必须要关注和强调其基础性，教材内容的选择必须将能够帮助学生掌握举一反三能力的相关内容涵盖进来。篮球基本功（例如教学及训练基本功等）的扎实掌握，较强的适应能力，是满足社会多元化需求的必要条件，是胜任篮球教学或其他相关篮球工作的重要保证。

体育篮球教学内容上的实践性强调意指篮球教学内容不能同实践生活相脱离，要引导学生接触竞技篮球、大众篮球等领域中将篮球作为媒介、手段的各种相关社会活动，要通过这种方式赋予篮球教学内容以生命力。此外要强调，紧密联系实践生活一方面需要学生能够立足当前，同时也需要学生能够预期未来，要引导和帮助学生在毕业脱离校园之后能够以最快的速度和最佳的姿态适应社会，同时更要促进学生有意识地承担起改造、建设社会的时代责任：

### （三）坚持“利于施教，便于自学”

即使课程内容的选择价值非常高、组织结构非常科学合理，一旦在课程实施过程中，不能够有利于老师的施教活动，也不能够有利于学生的自学活动，则这种课程内容就无法为课程目标的最终实现提供必要保障，更有甚者或可成为课程目标实现的障碍。选择和组织课程内容必须以专业化的课程目标作为导向，将“利于施教、便于自学”的原则充分考虑在内。

高校体育篮球教学内容的选择与组织服务对象主要是本科教育阶段受教学生，最终价值和意义在于帮助学生以学习的方式获得相关能力。倘若学生不能感知、学习并内化篮球教学内容，篮球教学内容也就永远不可能成为学生的内在组成部分，更没有可能给学生的行为、态度、思想和能力等各方面带来充足的积极影响。与此相反，倘若选取和组织教学内容的过程中对学生原有篮球知识、能力水平有着充分考虑，关注到了学生的兴趣与发展需求，最大限度保证了与之的相互适应，则能够在很大程度上帮助学生获得篮球系统知识，并同时对其学习态度、终身学习能力、终身体育思想等各方面产生积极影响。

### （四）篮球教材内容的创新

高校篮球教学内容的主要来源是教材，教材也是篮球教学不可或缺的重要组成部分。在我国篮球学科教材是在一定标准指导下，由众多专家、学者等精心选择并组织而成的经验体系（包括直接与间接经验），其科学性、权威性毋庸置疑。然而社会的发展进步从未停止，科学知识数量及水平不断上升，而被纳入教材的知识必然有限，除此之外，从教材编写到出版再到正式投入使用，需要很长周期才能实现，可以推断，高校篮球教材在内容方面难以避免地会落后于当前社会、科技发展水平，这在客观上提出了高校篮球教材内容改造的必然要求。

创新改造高校篮球教材内容的工作，主要借助两方面实现：首先是高校篮球教材编写上的创新，其次是教师教学上的创新。

1. 篮球教材编写上的创新

从教材编写上来看，编写活动必须以课程标准基本思想的正确领会与充分掌握为前提，要在教材之中反映出来，同时专家、学者也需要发挥创新精神，使教材编制多元化，用不同特色、风格的教材满足不同发展水平、个性特征的受教学生的学习需求，具体来说，创新教材内容可通过如下方面展现出来：

（1）在高校篮球教学内容的基础上确定更加实用的内容，确保学生学习的高效。高校篮球教学内容无论如何创新，都必须从基础做起，而篮球基础知识、基本技能始终是必须首要考虑的内容。教材内容的创新确定必须从被普遍认可的，能够帮助学生技战术学习，有利于学生未来就业发展的理论知识与实践技能中选取。

（2）选择能够映射现代社会生活与科技发展水平，具有时代代表性的内容。传统高校篮球教材的更新相对偏慢，内容普遍陈旧，大都与学生实际生活脱节，导致学习理解难度较高，学生很难产生积极参与学习的兴趣。教材创新编写要根据时代发展适时调整，适当增加诸如信息技术、脑科学、人体工程学等具有最新时代特色且能够体现现代社会生活、高新科技发展水平的内容，提高学生探索发现兴趣，使其积极加入学习当中，通过学习理解、掌握与时代和社会紧密相关的新知识、新信息。

（3）选择生动典型的明星案例，帮助学生体验理解抽象的教学内容。传统高校篮球教材内容里，更强调经典知识，但过于偏重经典会导致教学内容高端而枯燥，学生难免产生畏学心理。教材的创新编写有必要适当加入最新球星案例，选择与学生心理特点、生活经验贴近的内容。知识来源于现实生活，知识的学习也必须最终回归到生活的应用中去。使教材内容贴近学生现实生活能够帮助减轻学生对篮球运动知识的陌生感，使其能够顺利投入到学习当中，顺利掌握知识的理解与运用，同时也能够帮助学生内化所学知识，有意识地将所学知识融入现实生活当中，切实感受到学以致用的乐趣。此外，教材内容也可呈现出部分未能在现实中得到解决的趣味问题，为学生创造更多探索研究的空间。

（4）教材内容的选择要更加关注研究性，为学生的观察讨论、调查实验、探究创新提供丰富素材。旧有高校篮球教材更主张为学生提供确定性、结论性强的知识内容，从长远来看对学生探究意识、创新能力的培养并无益处。高校篮球教材内容的创新编制应适当增加部分过程性知识内容，安排阅读理解、调查讨论、实验探究等刺激学生发挥主观能动作用的环节。

（5）选择能够帮助学生情感态度和思想价值理念培养的内容。传统高校篮球教材的内容在很大程度上忽视这方面内容，教材的创新编写应适当弥补，在强调认知性目标的同时，也要着重加强学生情感态度和思想价值理念培养工作。因此教材内容选择过程中，需要对具有情感态度和思想价值理念因素的教学内容予以重视，确定其教学育人价值后使之有机融合到教材之中。

（6）努力将高校篮球教材内容向着多样化的呈现方式方向转变，更多地吸引学生注意力。教材的设计可以借鉴图画书等容易被学生接受的书籍的设计经验，适当增加趣味性。教科书并不等同于教材，而仅仅是其核心组成部分，教科书的设计要从整体着眼，使其与辅助教材、文字及视听教材、社会教材、课外活动读物等等能够有机结合、相互促进，发挥整体作用，促进篮球受教学生的学习发展。

（7）篮球教材内容的设计要留有一定自主空间，给篮球教师实现创造性教学提供更多机会。即使是完美无缺的教材设计，也必须借由篮球教师的主观能动作用才能最终实现，每个授课教师在认知情感、态度及价值取向等方面都有着自身独特性，难以避免地将按照自身主观意愿开展高校篮球教学内容的传授。设计高校篮球教材内容必须保留一定空间，让教师的创造性得以发挥，体会到自身在教学过程中的价值，在教学实践中获得专业上的成长和发展。

2. 教师教学上的创新

从篮球教师教学角度来看，高校篮球教材内容的创新，即借助先进教学方法、手段，将教材内容转化成为篮球教学内容的过程，具体方式如下：

（1）从变化发展的教学实际需求出发，对高校篮球教材内容进行整合重组。传统教学中，篮球教学教材内容由专家、学者编写，以既定要求为标准严格遵循了篮球运动的知识体系发展规律，具有极强的严密性和逻辑性。这种教材编写方式尽管对于篮球运动知识传授来说帮助甚大，但并未同教育教学实际紧密结合起来，较难被学生深入理解充分掌握。因此，可以说这部分内容是纯粹的课程内容，但并不能在真正意义上被称为高校篮球教学内容。只有经过了授课教师加工处理之后，真正被纳入高校篮球教学层面并发挥了积极作用的课程内容，才是真正的有意义的教学内容。篮球教师要从当前形势出发结合教学目标要求与学生实际发展情况，有针对性地选择教材内容，在适当删减陈旧过时、冗余内容的同时，增加与时代发展要求相契合的内容与领先研究成果。此外，篮球教师可从具体教学情境出发，适当做出调整改编、整合重组，确保教学内容同社会实际、学生实际更为符合。

（2）通过教学情境的创设将篮球教学内容背景化。高校篮球教材中往往有一部分知识抽象而难以理解，针对这部分内容，篮球教师可利用情境构建安排或相关背景知识的导入融合，为学生营造具体印象，降低理解难度，使学习变得相对容易。例如，传统教学模式中，学生常常有篮球理论知识很难学的印象，主要原因在于传统教材对教学内容的呈现方式，使学生接触到的大都为既定知识及抽象结论。篮球授课教师可根据教学实际情况适当取舍，着重挑选能够激发学生兴趣、与学生现实生活息息相关的生动素材，构建开放性问题情境，引导学生开展自主探究，以过程化学习的方式发现、感受并理解抽象知识结论的产生和形成。情境要能够使学生的情感产生触动，能够激发学生自主探究欲望，能够使学生快速沉浸到最佳学习心理状态之中，为学生的学习创造更好的情感体验。

（3）使高校篮球教学内容更加突出过程化。对于篮球教师来说，要在教学过程中有意识地突出教学内容的过程化属性，强调学生对知识产生发展与应用过程的体验，有目的地引导学生自主观察、发现、探究，逐步探索问题寻求结果，强调情感态度和思想价值观念的渗透，通过努力协调篮球受教学生在技战术、理论知识学习过程以及情感态度理念、运动技能等各方面的全面协调发展。

# 第四节　高校篮球教学的方法运用

## 一、高校篮球教学中分层教学法的运用

### （一）分层教学法的解读

“随着篮球技术的不断发展，传统的篮球教学方式已经难以满足现代学生的实际需求，在篮球训练中也逐渐突显出了越来越多的问题。对此，教师必须要予以高度重视，结合实际情况采取有针对性的教学方法和改进措施，积极创造全新的学校篮球教学方式以及训练体系，这样才能更好地促进学生的身心健康发展。”① 分层教学指的是由于不同学生在身体素质、个性特征、运动技能等方面具有一定的差异，教师将体育教学划分成不同难度等级，并据此制定出与之相符合的教学目标、评价标准的一种教学模式。在这种模式的作用下，体育教师会挑选出适合学生的教学方法、创造出适宜学生的教学环境等，来为学生搭建一个能够释放个性、发展提升、收获成就、体会快乐的平台，促使不同层次的学生实现共同发展的目标。不同于其他类型的教学模式，分层教学模式更加具有针对性，它着眼于不同人群的不同需求，真正做到了不拘一格、因材施教，最大限度地激发起学生学习和参

① 周维，丰力. 高职院校篮球教学及训练方法的研究［J］. 辽宁高职学报，2021，23（04）：62.

与体育运动的兴趣和热情。从操作角度来表述，分层教学是以班级教学、小群体教学、个别教学为主线，配合分层练习、分层要求、分层推进和分类指导、分类推进的教学组织模式。

篮球分层教学法指的是教师在篮球教学中，根据不同学生在篮球兴趣、篮球技能水平、个性特征等方面的差异性进行针对性教学的方法。在篮球教学中，由于不同的学生在个性特征、身心素质、能力水平等方面存在很大的不同，因此，教师应该充分考虑这一情况，遵循因材施教的原则，对不同的学生采用不同的教学方法，以保证不同能力水平的学生都能够有效掌握篮球运动知识与技能，最终实现篮球教学效率的提升。在篮球教学中采用分层教学的过程中，还应该对学生进行分层次评价，要根据学生的层次水平设置相适宜的考核难度，分清楚主次关系与逻辑关系，充分发挥分层次教学法的作用，有效提升篮球课程教学水平。

## （二）高校篮球分层教学法实施的要点

### 1. 确保分层前和分层后的流动性

教师在对学生进行分层的过程中，通常会受到多种因素的影响，而且这些因素并不是固定不变的。例如，如果教师是根据学生对篮球技术的掌握情况来对学生进行划分，那么刚开始那些在上篮球课之前就已经接触并掌握一定的篮球技战术学生的划分层次肯定会相对靠前，但是在之后的学习过程中，由于不同学生在学习能力、学习态度等方面的不同，就很有可能导致一些高层次的学生止步不前，而低层次的学生却进步十分明显，这时就需要教师对学生层次进行适当的调整。为了能够进一步保证这种流动性，教师一定要注意层次划分要适度，切记不要太过烦琐。另外，由于学生这一群体的思想较容易受到外界的影响，所以在学生成绩出现起伏时教师要观察一段时间，一般以一个月最适宜，以便对学生真实的学习情况有更深刻的了解，这样也可以保证学生能够得到最公正的待遇。

### 2. 教师具备提升自身课堂驾驭能力

分层教学法中，教学需要具备更高的能力，需要熟练掌握多种教学方法，并熟知各个教学方法的优缺点，以及如何才能将各个教学方法的最大优点发挥出来。例如，在开展教学的具体过程中，对于能力比较突出的学生，教师可以选用自主学习法；对于那些对篮球运动缺乏足够热情的学生，可以采用游戏教学法，目的是能够激发其学习篮球运动的兴趣；对于基础较差的学生，教师可以将学生篮球基础动作设定为主要内容。总而言之，在分层教学法中，体育教学对篮球教师的课堂驾驭能力有了更高的要求，即不仅需要具备深厚的专业能力，还需要具备较强的管理能力、组织能力。

## 二、高校篮球教学中游戏教学法的运用

### （一）游戏教学法的解读

“随着新课程改革的不断推进和深化，人们对学生的体育篮球教育越来越重视，篮球教学的教学模式和教学理念都寻求着改革和发展，将游戏教学法运用于篮球教学中，能够搭建高效课堂，提高学生的篮球水平。”① 游戏教学法指的是教师结合教学目标、教学要求、教学任务与教学内容，通过游戏活动的形式开展教学活动的一种教学方法，使学生在参加游戏活动的过程中，能够在轻松愉快或者充满竞争的环境下掌握知识与技能。游戏教学法不仅能够有效地激发起学生的学习兴趣与学习积极性，还能够充分地开发出学生的内在潜能，促使学生尽快掌握教学的重难点部分，完成教师所制定的教学目标。除此之外，游戏教学法还能够给学生营造一个欢乐的学习氛围，调动学生的身体感官，使学生养成动手操作、动口表达、动脑思考的优秀习惯，令学生充分吸收教师所传授的知识，进一步促进学生综合素养的提升。

篮球游戏教学法指的是教师通过选择或者设计出形式与功能各异的游戏活动，来帮助学生对篮球运动理论知识以及基本技能进行学习与巩固的教学方法，以有效促进篮球教学效果的提升。在新时代背景下，国家所提倡的教育理念是“学生为主体、教师为主导”，这点和游戏教学法的教学主旨具有一致性。游戏教学法主张以学生为主体，将课堂交还于学生，使学生能够真正地参与到教学活动之中。

### （二）高校篮球运动游戏教学法的实施要点

游戏教学法作为一种发展的动态过程，需要在遵守既定规则的基础上，根据问题情境，确定问题性质，制定解决问题的策略，进行游戏的过程，因此，教师在选择或者应用这种方法时，要注意以下方面的问题：

第一，使学生明确游戏与教学游戏的本质目标。游戏的本质目标是娱乐，教学游戏的本质目标是学习解决问题的过程，而不是游戏本身，因此，教师在应用游戏教学法时，要加强指导，注意引导学生时刻关注解决问题的过程，让学生运用信息技术在游戏中学会搜集与分析信息，学会与人沟通及协作，学会表达思想和意见，学会解决问题的策略，学会协调人和事，学会控制自己的游戏过程和思维发展。

第二，正确处理教学游戏法的趣味性与严肃性。游戏教学法作为一种常见的教学法，

---

① 黄文. 浅谈游戏教学法在体育篮球课堂教学中的应用［J］. 当代体育科技，2018，8（07）：130.

应该是有据可依的，必须是科学而严谨的。因此，教师应该对游戏的趣味性与严肃性进行合理把控，如果游戏的趣味性过度，则很有可能导致学生陷入游戏活动的参加而忽略了自身的学习行为，这就需要教师充分发挥自身的主导性，对整个游戏过程进行有效监督与适当控制，对游戏活动时间进行合理安排，尤其是要注意根据课程实施的需要决定游戏活动的开始时间与停止时间，不能一味地注重游戏的趣味性，而是应该适当保持其课堂教学所应有的严肃性。

第三，选择与运用的游戏要适当、适度、适实。教师在运用游戏教学法开展篮球教学的过程中，并不需要整节课都使用游戏活动，教师应该结合教学内容、教学目的以及其他的实际情况灵活安排游戏活动，要做到适当、适度与适实。其中，适当就是要根据教学内容科学选择游戏，对于一些不能引入游戏的教学内容，应该不采用游戏教学法，否则，如果运用不当，很有可能产生不利的影响。适度就是说所引用的游戏应该保证其难度适宜、形式丰富多样而且具有一定的挑战性。适实就是说要根据教学内容、教学条件、学生实际情况等多方面的因素合理选择游戏，将游戏融入篮球教学中。因此，教师需要根据教学过程因素，正确引导学生，不能以玩游戏代替教学，不能因为玩游戏而耽误了正常的教学秩序；要合理调配玩游戏与学习任务的时间比例，尤其是不能使学生过多地沉迷于游戏中，要善于提高学生的自我调控能力和约束力。

第四，根据学生特点合理选择游戏。在运用游戏教学法的过程中，由于教学目的、学生身心特征不同，而且不同类型的游戏也具有不同的特征，因此，教师利用游戏教学法进行教学的程序也有所不同。通常情况下，对于认知水平较低的学生，可以引入一些难度较小且具有益智性的游戏活动，以对学生的操作技能与思维能力进行发展；对于一些认知水平比较高的学生，可以引入一些难度稍大的角色扮演类或者战略类游戏，通过游戏教学法来培养其问题解决能力、合作交流技能、社会责任感等。

第五，善于将游戏法与其他教学法进行整合。游戏教学法宜与其他教学法进行整合，特别是与任务驱动法、探究法、协作法等方法相整合。游戏教学法最大的风险在于学生进行游戏时兴趣高昂，游戏结束后却不知道学会了什么。而与其他方法相整合，则可以完全淡化其他方法中学生“被动接受任务”“被迫完成任务”的意识，巧妙地把“驱动、探索”等手段转换为兴趣浓厚的“自主游戏”，两者弥补了各自的弱点，发挥了各自的强项。

第六，及时地进行反馈与总结。游戏教学法大多数是学生自主学习的过程，很多学生对于学习的效果和完成任务的程度不是很清楚，完成游戏（通关）不是完成任务，在完成任务中解决问题，培养思维能力、协作能力、沟通能力等才是学习的重点和目标，因此，教师要根据学生的教学实际情况，建立多种反馈渠道和多种与学生沟通的方式，建立形成性评价与总结性评价相结合的发展性评价机制，做到及时反馈，及时总结，达到强化学习的目的。

## 三、高校篮球教学中探究式教学法的运用

### （一）探究式教学法的解读

从汉语语义上讲，可以将“探究”一词分解为探索与研究，其中，“探索”一词指的是通过多种方法来寻找问题的答案，以达到解决疑问的目的。“研究”一词可以理解为对事物的基本性质及其发展规律等进行探究，也可以将其理解为对事物的本质与发展规律进行思考与商讨。因此，站在这一角度上讲，探究式教学法指的是学生在对某一概念与原理进行学习的过程中，教师只是为其学习过程提供一定的问题和相关资料等，以使学生自己通过阅读、观察、实验、思考、讨论以及听讲等多样化途径进行独立研究与探索，以对这一概念和原理进行学习与掌握的教学法。探究式教学方法强调教师只发挥自身的主导作用，充分尊重学生的主体性，引导学生进行自觉主动地探索与研究，使学生对问题的解决方法与解决步骤等进行充分认识与掌握，对客观事物的属性、发展起因、内部联系等方面进行发现与认识，进而形成自己的概念。由此可见，探究式教学法能够充分体现学生的主体地位，同时还有利于学生自主学习能力等的发展。

### （二）探究式教学法的类型

第一，根据探究的过程进行分类。若是根据探究的过程进行分类，那么探究式教学法可分为完整探究以及部分探究两种类型。在教学之初，由于教学设备、教学时间以及学生自身知识水平不够完善等因素的作用，导致教师在课堂之中只能对部分难度较小的内容进行探索。但是伴随着学生自身知识水平及知识结构的不断提升与完善，教师教学探究的范围逐渐拓展、深度逐渐加深，从而逐渐实现完整探究。

第二，根据自主获取信息的方式进行分类。若是根据自主获取信息的方式进行分类，那么探究式教学法可分为接受式探究与发现式探究两种。信息在接受式的探究学习过程中，要么是由学生积极主动地从现有资料中或者是通过互联网直接获取，要么是由学生从经验丰富的人那里询问相关信息，对于这些方式所获得的信息，学生只需要将其稍微进行整理便可。而发现式探究过程之中是没有现成的信息来让学生直接进行获取的，要想获得信息，学生必须要经过一系列的活动来发现信息，最后将所发现的相关信息进行整理与总结才能够获取最终的信息。

第三，根据探究活动的场地进行分类。若根据探究活动的场地进行分类，那么探究式

教学法可分为课内探究与课外探究两种类型。教师在安排篮球教学时可以先从课内教学进行，这样有利于帮助教师达到最初所制定教学目标，完成教学任务。但事实却是很多的探究性活动仅仅依靠课内教学来进行，这样不光会使教学时间出现不充裕的现象，还会使教学空间及内容也出现不充裕的现象。对于这类探究活动，教师一定要灵活地借助于自然及社会的力量来对课内探究的不足之处进行补全，从而有效地推动学生的学习探究活动。

### （三）探究式教学法的优势

#### 1. 有利于新型师生关系的构建

探究式教学法一共分为两种交流关系：①教师与学生之间的交流；②学生与学生之间的交流。不管是哪一种交流关系，学生为了能够在学习以及锻炼的过程中获得更为优秀的成绩，在面对学习中的困难以及问题时，就会自主向教师以及同学寻求解决途径。教师在向学生传授知识的过程中不能以真理的化身自居，教师与学生二者要在课堂中针对问题共同去探究知识所具有的特殊奥秘。因此，教师在教与学这个双边关系之中，主要的职责便是指导以及引导学生开展对知识的探索，传授给学生科学的学习方法和思维方式，并在课堂之中给学生留出一定的时间和空间，给学生提出问题、思考问题、解决问题的机会。当学生在篮球锻炼的过程中，出现失误时，同学之间会相互鼓励、打气；当有一名同学打出了一个好球，那么大家便会集体进行喝彩；当发现某一名同学在锻炼的过程中遇到了自身难以解决的困难，那么大家便会积极主动地去帮助这名同学战胜困难、解决困难。这种学生与学生之间的交流关系不仅能够让全体学生的技能得到提升，还能够加强学生的人际交往能力。

#### 2. 有利于增加课堂教学的活力

探究式教学方法的存在创造出了以启发式教学与讨论式教学为主要标志的宽松且活泼的课堂氛围。这种氛围鼓励教师对教学内容以及教学方法大胆地进行创新，引导教师将学生身心愉悦地参与到每一堂课程之中作为开展教学的核心目标。要想真正地实现这一种教学形式的转变，需要做到三点：①压缩篮球教师讲解以及示范篮球技战术的时间；②以学生为主体，坚持以满足学生需求作为教学设计、教学安排的指导思想；③尽可能调动学生的积极性，以期让学生在“活动”之中进行学习，在“主动”之中进行发展，在“合作”的过程中增加自己的知识储备，在“探究”的过程中实现创新。换句话来说，篮球教师在开展教学活动时一定要注意激发学生的主动性、积极性，即鼓励学生自己去发现和探究学习的规律、学习的方法、学习的思路，进而培养学生独立思考、自主解决问题的能力。探究式教学法的运用有益于在引导学生自主学习、自主思考的过程中，培养学生发现问题、分析问题、解决问题的能力。

3. 有利于促使教师实现自我发展

尊重学生的主体地位，发挥学生的主体作用，实现主体发展教育，这些教育理念已经提出了多个年头，虽说教师在口头上也已经接受了这些教育理念，但是一到课堂之中，却还是回归到了最初的教师在讲台上讲，学生在下面听；教师发出提问，学生做出回答；教师发出指令，学生执行指令的授课方式。在这种授课方式之下，学生一直处于被动接受的地位，更不用说发挥学生的主体地位。归根结底，这主要还是由教师以自我为中心这一顽固落后思想所导致的。因此，若是不改变教师的教学思想，革新教师的教学理念，是难以借助于现代先进的教育理念来对传统的教育进行改造的。首先，教师要从根本上真正意识到传统以自我为中心的教学思想的不足；其次，教师应当从实践出发。这是因为，实践探究的存在不仅能够给予教师学习以及与他人进行对比的机会，还能够给予教师一个认识自己和认识学生的机会。

除此之外，实践探究还能够证明，教师改变自己的方式，主要是通过实践探究的学习，不断地对自己的教学进行反思与总结，不断地学习他人的优秀经验，这里的他人不仅包括其他优秀教师，还包括学生。教师只有借助于实践探究来进行学习与提升，才能够改变“自我中心”的教学态度，真正实现“自我发展”。教师要形成反省以及思考的习惯，以寻求更好的教学理念、教学方法、教学内容等。

4. 有利于促进学生团结协作能力的提升

篮球作为一项集体性的运动项目，其十分讲究团队成员之间的团结协作能力，这也是篮球教师运用探究式教学法将学生进行分组练习的目的以及意义所在。通常情况下，篮球教师在安排篮球技术练习的过程中，会将学生按照运动能力的强弱来进行划分，以能力优秀的学生来带动能力较弱的学生进行学习与锻炼，使得能力尚且较弱的学生在能力优秀的学生的指引下不断提升自己，而能力优秀的学生也能够在帮助他人的过程中对自己所学的知识进行巩固，进一步提升自己对于所学知识以及技术的掌握程度。除此之外，小组与小组之间也能够进行合作练习，这样不仅能够增进组与组之间的感情，还能够让众人共同进步。在这一氛围中，大家通力协作，共同为一个相同的目标努力。

### （四）高校篮球探究式教学法的实践结构流程

在探究式学习教学过程中，教师需要对学生已有的知识经验提前做一个调查和了解，这是学习者探究新知识的经验基础，同时也是教师设置情境的依据和探究问题的起点和背景，从实际情况出发，才能将探究式学习的功效最大化地呈现出来。为了使探究式学习的过程更为顺畅和深入，对于某些知识的普及和教学，必要时教师可运用接受式学习这一方式将知识传授给学生，来为后期探究式学习提供学习经验。在开展探究式学习的实际过程中，具体可以依照以下的流程。首先，教师要设置一个可以激发学生认知需要的问题，接下来是学生自主探究的过程。在这个过程中他们的行为的构建都是由学生的意识中要去解决这个问题和探索这个新的认知来驱动的。学习不再是传输过程，知识构建是构建主体围绕着自身的需要实现而自主完成的，而不是通过接受和意义解读完成的。在探究学习中，学习是作为需要意志的、有自主意图的、自觉自主建构的积极实践而出现的。

学习不是一个顺利的、平坦的、简单的直线式过程，而是一个充满困难、迂回和曲折的过程，学生在对某个问题进行研究时，可能会发生前功尽弃、推翻从前结论从头再来的情况。从学习的总的方向来看，学习过程实际上是在不断地轮回，每通过一个轮回，学生的认知水平都将被提高。由于学科的特殊性，教师在探究式学习的教学实践中还要考虑学科的性质、特点，避免不经思考地直接套用其他学科探究式学习的流程，而是要充分考虑本学科的性质和特点以及学生的知识基础、学习状况等方面的实际情况，来制定本学科学生的探究式学习流程，以期培养和提升学生思维能力、自主学习、开拓创新能力。

基于篮球教学课堂，通过采纳国内外学者关于探究式教学的指导思想以及教学模式，设计出如下流程：

1. 传授篮球运动知识

不是所有的知识都适合用探究式教学法来启发学生对知识的理解和认知，有些基础性的、理论性的知识没有必要花费时间和精力去对其进行探究，通过直接教授的方法就可以了。比如，在篮球教学中，陈述篮球运动起源以及发展时，篮球教师可运用讲授或引导学生自主搜集相关的知识，然后对知识要点进行统一讲解就可以了。再比如，在传球、投篮的学习中，传球、投篮的基本姿势、手型及移动步法等基础知识仅仅是为以后对更深层次的问题进行探究的储备知识，同样也可以采用多样化的直接教授法直接传授给学生，以节约时间，提高学习的效率。

2. 创设篮球教学情境

在进行“探究式教学法”的教学过程中，教师要充分利用情境创设，不断激发学生对知识点的探究欲望和兴趣。例如，教师可以通过提问 NBA 篮球巨星科比在行进间左手运球的过程中，会使用怎样的篮球技术，这样的名人效应引发学生的思考和兴趣，让学生们通过分组讨论的形式进行充分的思考和探究。另外，在探究式学习教学过程中，教师创设具体的情境、设计教学任务和课程目标时，必须根据学生的篮球基础等实际情况（主要包括有学生的身体素质基础、有没有接触过篮球运动、在篮球方面受过什么程度的教育等），又因为每个班级内学生对于篮球知识点和技能的掌握情况存在差别，所以，教师要充分考虑到学生的心理需求和课程内容难易程度的设置，教师可以采用“分层教学法”和“探究式教学法”相结合的教学模式，加强教师在中等职业学校体育篮球课程中的教学目的和教学质量；教师将学生引入具体的教学氛围时，将本节课需要探究的问题以及教学重难点问题自然地传递给学生。然后，学生带着问题去学习，以随时引发学生的思索，并且可以相互之间进行讨论，在情境练习和相互沟通中逐渐掌握篮球运动的各项技能。

3. 学生参与教学实践

学生在由教师所创设的探究式教学课堂之中，对教师所提出的问题进行学习探究的同时，对问题进行解决。正如体育学科本身与其他科目相比属于一个较为特殊的科目，其特殊之处在于，该科目需要在学习的过程中将人的身体感知传向大脑，并对其做出的反应进行分析和转化，以此来进一步地提升对于所学动作的熟练度。因此，学生在教学情境下对教师所提出的问题进行探究与练习的过程中，十分容易产生额外的问题，如同学之间进行练习的时候能够清楚地指出对方在练习过程中所存在的问题，比如说对方在进行传接球的过程中虽然速度比较快，但是持球动作不正确、球容易掉落等，在运球的过程中，虽然速度也比较快，但是球容易脱离掌控等。对于这类问题教师可以将其与自己最初所提出的问题放到一起来分析和解决，找出他们之间的联系并对解决方案进行优化；也可以让学生自己解决问题，然后在总结和讨论的阶段，由他们自己把自己的案例和大家一起分享并讨论。

4. 自主、交流与合作

当教师将所有的问题都展现给学生后，学生便可以通过自己对问题的体会来寻找最佳的解决方案，主要步骤为：倘若没有办法自己进行问题解决，那么便可选择在学习小组内部进行探究，依靠小组的力量进行问题的解决；若小组内部的力量无法解决问题，那么可选择在小组间进行讨论；如果问题在小组间依然得不到解决，可以要求教师一起参与探讨。在篮球这样的集体球类运动，学生在探究式学习和练习中除了自主探究，更重要的就是小组探究、小组间的探究以及师生的合作探究，这充分体现了球类运动中相互合作的重要性。因此，教师在进行探究性教学的运用时，要注重实际情况，对探究模式进行合理的使用，从而实现一个理想的教学成果。

5. 学习探究解决问题

要解决在体育技能学习当中出现的问题，就要找到其根源所在，一般的解决方法是从动作技术的准确性、动作技术的灵活性来展开。学生根据教师所提出的问题以及自身在学习过程中发现的实际问题为基础，开展学习探究，寻找问题的真正答案，当知晓问题出现在哪个环节之后，再进行解决问题的方案策划。方案的具体实施实际上就是学生自己的实践练习环节，借助实践练习对方案的有效性进行检验，不断地寻找更加合适的解决途径，最终圆满地解决问题。

6. 教师诊断与评价

学习中的诊断与评价是为了能帮助学生及时发现和纠正错误的动作，提高学习的效果。在探究式学习教学中有自评也有他评，比方说，在进行传球的时候总是向一个方向偏，当学生自己发现这一问题之后便会在内心中对自己进行评价，这就是自评；或者是当同伴指出问题时，这便是他评。因此，在进行篮球教学的过程之中，每当进行一个问题的探究或者是多个问题的探究时，都要注意对其进行诊断、评价。同时，教师也要善于发现学生所发现不了的问题，并及时对学生进行问题的指导，以免学生走弯路，从而更好地完成教学任务。另外，为了及时了解学生对篮球知识和动作技能掌握的情况，教师还要定期进行过程性评价，或者固定每隔几个课时就随堂测试一下，以便及时对教学的方式方法做出相应的调整和优化。

7. 教师反思与总结

在每一次课或某一阶段的学习结束之前，教师要组织学生一起对探究的过程和探究的结果进行总结。对于已解决的问题要给予充分的肯定，分析解决的主要路径并总结经验，将其作为下一轮探究的经验基础；针对那些尚未被发现或未被解决的问题，篮球教师一定要及时给予规范，或者可以将问题指明，引导学生在课后通过查阅相关资料的方式来解决问题，待下次课做进一步的探讨，以培养学生自主学习、探索的能力。

# 第三章　高校篮球运动的技术教学与训练

## 第一节　高校篮球运动技术概述

篮球技术是运动员完成攻防所采用的动作方法的总称，它是决定篮球运动员竞技能力的重要因素，包括移动、接球、传球、运球、投篮、抢断、打球、抢断、篮板等动作方式，以及多种动作组合形成的动作体系。“篮球攻防守双方的技术和战术运用，可以促进思维能力的提高和拓展。”① 篮球技术原理是指以与人类体育科学有关的一些普遍规律和原理作为研究体育技术的理论基础，结合体育技术动作，进一步了解技术动作的科学结构，从而发展和发挥人体和技术本身的最大潜力和效率。

### 一、篮球技术形成的原理

#### （一）社会学原理

篮球是一项充满哲理的运动，辩证唯物主义的哲学世界观和方法论是篮球运动的主导理论基础，它可以帮助人们从全面、辩证的角度认识篮球技术的概念、特点、地位、作用和关系。篮球技术也遵循美学原则，运动美学认为，人从事任何体育运动的根本目的都是通过完成各种技术动作来强身健体，其中包含多种审美因素。在比赛中，每一个技术动作的姿势、灵巧、协调、敏捷和准确都给人一种美感。在球场上的每一次比赛中，顽强拼搏、克服困难、积极进取的精神，也给人一种鼓舞和力量，是一种精神美的体现。

#### （二）生理学原理

篮球技术的形成涉及体育、教育学、医学等诸多基础学科。从其生理机制分析，它是基于人体大脑皮层运动的运动条件反射的暂时性神经连接，这一具有普遍意义的生理学原理指导人们学习和掌握技术和技能。技能形成的基本过程是在大脑皮层形成动作的粗略，

---

① 刘嘉新，华立君. 篮球运动对青少年体质健康的影响研究［J］. 当代体育科技，2021，11（28）：185.

然后将信息传递到小脑和基底神经节。经过小脑和基底神经节的思维协调，将草稿转化为更准确的具体计划，然后通过视觉中枢到达皮层运动区。皮层运动区向脊髓神经元发出指令，最终由骨骼肌执行。如果动作错误，则信息通过本体感受器反馈到中枢神经系统进行调节。

### （三）认知心理学原理

为了形成和提高篮球技术，我们要感知篮球运动。我们必须直接感受通过人们的感觉器官学到的技术动作，从而获得与篮球有关的感觉，这种运动感觉是人体感觉器官与感知到的技术动作直接接触而产生的识别。然后，在大脑中，将相关的篮球感觉结合起来，形成运动感知，准确快速的时间感知和空间感知对运动技能学习具有重要意义。

在篮球技术形成的过程中，还有一个专门的感知问题是必须要注意的，那就是观察能力和“球感”的训练。视觉是对刺激方向和距离的感知，这种空间感是快速判断和行动的前提，对于技术行动的应用更为重要。因此，必须在训练中加强观察能力的培养。“球感”在掌握和提高技术方面发挥着重要作用，它是通过长期的刻苦训练获得的一种特殊的复合知觉，这种复合知觉是训练中各种受体对刺激进行精细分析，并在大脑皮层形成复杂而稳定的神经连接的结果。提高“球感”的唯一方法就是了解球的性能和运动规律并不断练习，要加强基本技能培训，如果长时间不练习，“球感”就会消退，甚至会因为情绪和疲劳而减弱，“球感”也是篮球运动的重要心理标志。

## 二、篮球技术运用的原理

篮球技术运用是指队员个人在比赛行动中合理使用技术动作的表现与发挥。

“在篮球运动百多年的历史进程中，攻与守的对立统一是篮球场上永恒的主题，一方面的进步总是为另一方面树立新的标杆，促使后者积极应对并由此激发新的实践灵感和创造空间。”① 篮球比赛是双方球员在同一场比赛中相互制约，进行攻防对抗，在动态、干扰、破坏、应变的条件下完成动作。它应该最大限度地适应比赛不断变化的需求。没有固定的动作组合方案，而是随着环境的变化而变化，合理组合动作，完成攻防的具体任务，篮球运动员技能的运用主要取决于：

第一，机智、综合意识、速度、准确性、适应性和实用性是技术竞争的要求。只有掌握标准化、熟练的单项技术，进而掌握大量的组合动作，才能应对比赛中复杂多变的局

① 刘庆广，霍子文. 关于篮球防守理念发展趋势的思考［J］. 北京体育大学学报，2015，38（02）：122.

面。只有在行动时努力练习，才能在实际应用中灵活变通。

第二，良好的身体素质和体能是技术应用的保障。篮球比赛的速度日益加快，对抗的竞争也越来越激烈。很多情况下，动作是在中高速、高空和身体接触中完成的。这不仅需要全面良好的身体素质，还需要持续良好的身体机能，从而在整体比赛中争取时间和空间的主动权，在对抗和身体接触中控制身体平衡，稳定发挥技术水平。

第三，良好的心理素质在技术的应用中起着非常重要的作用，这在很大程度上决定了篮球技术的发挥。心理素质主要是篮球意识、意志品质和情感。意识支配着行动，对技术的应用起着指导和决定性的作用。坚强的意志、信心和克服困难的能力对技术的应用起到了积极的激励作用。篮球运动员的情绪稳定说明其自控能力好，可以排除内外干扰和影响，保证技术动作的正常运转，激发斗志。这是充分发挥技术水平的前提。

## 三、篮球技术的提高因素

促进现代篮球技术不断发展和提高的主要因素包括以下六个方面：

### （一）运动员综合素质

运动员身高的增长，身体素质、智力与心理品质、意志品质等综合素质的提高，都是篮球技术提高的基础。良好的身体素质是运用技术的基础，身高是发展高空技巧的有利条件。身体素质与身高的结合，尤其是高大运动员与速度和灵活性的统一是现代篮球运动发展的必然趋势，从而使比赛中攻守争夺的空间不断扩大。篮球技术运用的难度越来越大，许多高难技术的出现，都是在运动员自身综合素质发展的基础上得以创新的。

### （二）竞赛规则

篮球竞赛规则不断修改、完善，对篮球技术的发展起着促进作用，篮球竞赛规则修改与完善的主要目的是限制不合理技术的发展。

例如，1942 年增加带球撞人规定，限制持球队员的横冲直撞，促使队员合理运用进攻技术，并向灵活、多变方向发展，同时也促进了合理防守技术的提高。有关进攻时间的限定，促使篮球技术和比赛节奏明显加快。限制区的一再扩大，迫使高大运动员的技术必须向全面、灵活方向发展。规则的演变和不断完善，决定了篮球技术的发展方向。

### （三）攻守对抗的激烈程度

篮球比赛是进攻与防守的激烈对抗，攻、守对立统一规律决定两者的互相依存、互相制约和互相促进。篮球比赛实践证明，进攻技术往往起主导作用。在一定时期内进攻技术发展了，一定会促进防守技术的相应提高。防守技术的提高，也必然刺激进攻技术有新的突破。

20世纪中期以后，各种跳投技术先后出现，使进攻技术发展很快。队员的攻击能力显著增强，迫使人们更重视对持球队员的防守；为削弱持球队员的攻击力，出现了各种紧逼、夹击等新技术，使防守产生了一个飞跃；防守的攻击性增强了，防守观念也随之发生了变化。紧逼和夹击技术突显巨大威力，迫使进攻队员控制球和支配球技术加快发展。20世纪70年代以后，进攻和防守战术都达到了一个新水平，移动进攻要求个人进攻技术向全面、快速、对抗和高空作业技巧化方向发展；综合多变防守战术的广泛运用，促进个人防守更具攻击性和破坏性，防守水平有很大提高，各项篮球技术得到了发展与提高。

### （四）比赛和交流

篮球比赛也为队员竞技能力的发挥提供了广阔的天地，比赛场上集中表现出队员应用技术的综合能力及应用技术的创造性。由于篮球运动在世界范围内的广泛开展与交流，促进了篮球技术的提高。随着国际篮联的成立及篮球运动被列入奥运会正式比赛项目，使篮球运动成为世界性活动之一。不同年龄、不同性别，各种区域性、国际性篮球比赛频繁地举行，为篮球技术的交流提供了良好的机会。

### （五）市场经济效应

篮球运动职业化是技术发展的重要途径。篮球运动的技巧性、对抗的激烈性，使其具有特殊的观赏价值；明星效应及强队比赛的传媒作用引起市场的广泛关注，球队的职业化使人才和技术转化为商品。受价值驱动规律的作用，使人们对技术的投入和开发都与经济效益紧密联系在一起。职业球员的高薪待遇、明星球员的社会地位和重奖，吸引着广大青少年篮球运动员为攀登技术高峰而艰苦奋斗。

### （六）理论水平与现代科技

理论与实践相结合，篮球训练与实战不断创新，促进篮球运动向着科学化方向发展。围绕奥运会和年度比赛的周期性训练理论的发展，技术研究及其训练原理与开发，各种强制性、定量化训练方法的创新，以及借鉴其他运动项目在脚步移动、传接球技术和对抗能力等方面的经验和有效手段，使技术的发展与身体、战术、心理和智力等因素紧密结合，从而推动了篮球技术向精尖化高水平方向迅速发展。

现代科技在篮球运动中的运用，如专业人员运用人体生理学理论与方法，运用计算机等先进设备对篮球技术进行分析、评价研究，对篮球技术的发展和提高也起到巨大的推动作用。广大篮球爱好者和技术人员通过电视等传媒手段直接观看各国运动员在比赛中的精彩表演，对学习和借鉴先进技术也有重要促进作用。

# 第二节　脚步移动与位置技术教学训练

## 一、脚步移动技术教学训练

移动是篮球运动中运动员为了改变位置、方向、速度和争取高度等所采用的各种脚步动作方法的总称。它是篮球技术的基础，是篮球运动中攻防共有的技术，是篮球初级班的学生必须要掌握的一个技术部分。

移动的种类有很多，初级班学生要掌握的移动技术有变速跑、变向跑、侧身跑、后退跑、急停急起、转身、滑步等。

### （一）脚步移动技术的动作要领

1. 变速跑

（1）变速跑的动作要领：加速跑时，两脚要突然短促而有力地连续蹬地，同时上体稍向前倾；减速跑时，前脚掌用力抵地来减缓前冲力，同时上体直起，身体重心后移。

（2）变速跑的易犯错误：减速跑时，上体没有直起，从而不能保证身体重心后移；加速跑时，上体没有前倾。

（3）变速跑的练习方法：跑类动作的练习方法一致。

第一，在场地内根据手势或其他信号做侧身跑、变向跑、变速跑、后退跑。

第二，在场地内做直线快跑、曲线快跑，利用三个圆圈做弧线跑，利用场上横线做折线跑。

第三，在场地内连续交替做各种跑，如直线跑—弧线跑、弧线跑—直线跑、变向跑—弧线侧身跑、变速直线跑等。

2. 变向跑

（1）变向跑的动作要领：变向跑时（以从右向左变方向为例），最后一步右脚蹬地时脚尖稍向内扣，前脚掌内侧用力蹬地，腰部左转，身体重心快速向左边移动，左脚向左前方快速跨出，右脚迅速跟上，加速前进。

（2）变向跑的易犯错误：身体重心没有快速移动。

3. 侧身跑

（1）侧身跑的动作要领：在跑动的过程中头部与上体侧转向球的方向，脚尖要朝着前进的方向，保持跑速或者加速，还要完成攻守的动作。

（2）侧身跑的易犯错误：在跑动的过程中上体没有侧转。

4. 后退跑

（1）后退跑的动作要领：后退跑时，用前脚掌交替蹬地提膝向后跑动，上体放松直起，两臂屈肘相应摆动，保持身体平衡，两眼平视，观察场上情况。

（2）后退跑的易犯错误：整个脚掌蹬地，容易失去身体平衡。

5. 急停

急停的动作有两种：跨步急停（两步急停）和跳步急停（一步急停）。

（1）跨步急停

跨步急停的动作要领：在快速跑动中急停时，先向前跨出一大步，并迅速屈膝，身体向后撤，后移重心。然后再跨出第二步，脚着地时，脚尖稍向内转，用脚前掌内侧蹬地面，两膝弯曲，重心保持在两脚之间，两臂屈肘且自然张开，帮助保持身体平衡。

跨步急停的易犯错误：跨出第一步以后，身体没有后撤，重心没有后移，导致跨第二步后不能停稳，身体失去平衡。

（2）跳步急停

跳步急停的动作要领：在中速或者慢速移动时，用单脚或双脚起跳，两脚同时着地，两膝弯曲，两臂屈肘微张，以保持身体平衡。

跳步急停的易犯错误：起跳以后，双脚没有同时着地。

（3）练习方法

①慢跑中做跨步急停和跳步急停；②在直线快速跑动中做跨步急停；③在运球中做跳步急停和跨步急停。

6. 转身

（1）转身的动作要领：转身时，重心移向中枢脚，另一只脚的前脚掌蹬地，同时中枢脚以前脚掌为轴用力碾地，上体随着移动脚转动，以肩带腰向前或向后改变身体方向，转身后，重心要转移到两脚之间。转身可以分为前转身和后转身。前转身是移动脚蹬地在中枢脚前方（身前）进行弧形移动；后转身是移动脚蹬地在中枢脚后方（身后）进行弧形移动。

（2）转身的易犯错误：转身时，身体重心没有向中枢脚移动；移动时，身体重心起伏幅度太大。

（3）转身的练习方法：①原地做跨步、撤步、前转身、后转身的练习；②原地面对防守队员做前转身、后转身的练习；③原地接球后做前转身、后转身传球或运球的练习；④跑动中做前转身或后转身继续跑的练习；⑤运球中做前转身或后转身的练习。

7. 滑步

（1）侧滑步

侧滑步的动作要领：两脚平行站立，两膝较深弯曲，上体稍向前倾，两臂侧伸。向左侧滑步时，右脚前脚掌内侧蹬地，左脚向左跨出，在落地的同时右脚紧随滑动，向左脚靠近，两脚保持一定的距离，左脚继续跨出。在滑步时，身体不要上下起伏，眼睛要看着对手。向右侧滑步时，脚步动作相反。

侧滑步的易犯错误：滑步时身体上下起伏幅度太大。

（2）前滑步

前滑步的动作要领：两脚前后站立。向前滑步时，后脚的前脚掌内侧蹬地，前脚向前跨出一小步，着地后，后脚紧随着向前滑动，保持前后开立姿势。

前滑步的易犯错误：滑步移动时身体重心上下起伏。

（3）后滑步

后滑步的动作要领：后滑步的动作方法与前滑步相同，只是向后移动。

后滑步的易犯错误：向后移动时，身体重心上下起伏。

（4）滑跳步（碎步）

滑跳步的动作要领：两脚平行站立稍比肩宽，两膝保持弯曲，移动时，不停地用前脚掌蹬地，用小而快的步法向左、右、前、后移动。移动时步幅小，保持平步防守姿势，上体不要起伏。

滑跳步的易犯错误：移动时，两膝没有保持弯曲；没有保持平步防守姿势，用全脚掌蹬地。

（5）滑步的练习方法

①看手势或其他信号做向左向右滑步、向后滑步、向前滑步的练习；②看手势或其他信号做向左、向右、向前、向后滑跳步的练习；③做一对一防守移动的练习。

### （二）脚步移动技术的注意事项

第一，移动技术经常是由几个脚步动作组合或与其他技术动作组合在一起加以运用，如起动—跑、接球急停—转身运球、滑步—起跳—断球、运球—跳起投篮或传球、转身挡人—起跳空中争篮板球等。因此，在掌握移动单个动作的基础上，应加强组合动作的练习，解决好动作之间的衔接与结合，才能不断提高移动技术运用的质量。

第二，移动技术的运用，不仅要有良好的身体素质和熟练的脚步动作做基础，而且还要有良好的观察判断、反应能力和篮球意识，以及顽强拼搏的精神。因此，移动技术运用应把意识、动作和心理因素三方面综合起来，才能提高移动技术运用的及时性、主动性和灵活性。

第三，移动技术的运用，要快慢结合、动静结合、真假结合，才能根据比赛中的实际情况，把主变与应变很好地加以结合，提高移动技术运用的及时性、主动性和灵活性。

## 二、位置技术教学训练

“从技战术角度来讲，篮球运动项目的首要特征就是运动员位置结构，它是技战术体系的基础。位置结构系统决定一支球队的战术形式和内容，影响球队的主流打法，表现球队整体的战术特点和比赛风格。”①

### （一）位置技术教学的内容

前锋：传接球、运球、各种投篮技术；抢篮板球技术。

中锋：包括进攻技术和防守技术。其中，进攻技术包括：①抢位与接球技术；②策应与传球技术；③进攻综合技术和投篮技术。防守技术包括：①防守无球中锋；②防守持球中锋。

后卫：①运球技术；②突破技术；③传球技术；④投篮技术；⑤防守技术。

### （二）位置技术练习方法

#### 1. 前锋位置练习方法

（1）前锋队员投篮技术练习方法

目的：掌握单脚起跳，单、双手扣篮的方法；提高高大队员的身体和脚步灵活性，提高伸展能力和弹跳能力，提高前锋队员投篮命中率。

练习一：一对一运球急停跳投练习。

两人一组一球。持球队员在左、右前锋位置处开始运球突破，另一队员防守。进攻队员在运球突破过程中突然急停跳投。然后两人积极争夺篮板球，之后攻、守交换。

要求：防守队员要紧逼进攻队员运球。进攻队员在运球突破中注意观察防守队员的防

① 高国贤，练碧贞，任弘，等. 青少年篮球运动员位置因素实证分析与选材应用［J］. 体育科学，2017，37（09）：65.

守步法，并注意运用假动作，抓住时机立即投篮；急停突然，起跳快速，并注意控制好身体重心。

练习二：半场二对二突破投篮练习。

半场二对二。教练员可将球传给进攻队员，进攻队员接球后可投篮，可以突破上篮，也可以用突分的方法传给另一队员投篮。接突分球时必须投篮，不得再做任何动作，否则算违例。投篮不中抢篮板球可以再投，直至投篮中。如对方抢到篮板球或进攻违例则攻、守交换。投中一球得分 1 分，看哪组先得 20 分。

要求：防守队员可以协防、补防。进攻队员接球后，注意投、突结合，突分时应隐蔽方式传球。

练习三：两人一组发球练习。

两人一组进行发球练习，一人发球，一人传球，投 10 次或投中 10 次两人交换。一人发球一人传球，发球队员连中 2 次为一组，发中若干组两人交换。同上练习，连中 5 次为一组，然后两人交换。

要求：队员按自己特点，设计自己罚球的程序，按程序进行罚球，不受外界干扰。

练习四：折返跑罚球练习。

两人一组一球，罚球前，罚球队员先在罚球线与中线间做 3 个往返折回跑，再连罚两次球为一组，完成 5 组后两人交换。命中率达到一定的要求（如 80%以上），完成若干组。

要求：折返跑在快速中完成。罚球时，按比赛规则进行，否则罚球中无效。罚球队员按自己的罚球程序进行。

（2）前锋队员抢篮板球练习方法

多人连续跳起托球碰篮板练习。

目的：掌握抢篮板时起跳的时机和空中抢球以及控制球、身体平衡、肢体伸展的能力。

练习：队员在罚球线后站一纵队，第一名队员先将球砸向篮板，后边的队员依次跳起托球砸篮板，碰板后排到队尾。

要求：起跳后在空中要控制好身体平衡。手触球在头以上，要直臂触球。单、双脚起跳和单、双手触球都要练。可先练双手，熟练后再练单手。

### 2. 中锋位置练习方法

（1）中锋队员抢位与接球练习

目的：掌握抢位与接球的动作方法，提高抢位与接球的进攻能力。

练习一：原地抢位练习。

两人一组，一人做抢位动作，一人做防守。防守人依次站在接球人的身后、身前和身侧的位置干扰接球。进攻人做出不同的抢位接球动作。教练员做传球假动作。各种位置的抢位动作做完后，攻、守交换练习。

要求：各种抢位动作正确；重心降低，身体稳定。

练习二：攻守对抗抢位练习。

两人一组，一攻一守，防守人用胸、腹顶挤进攻人，不让其进入内中锋位置。进攻人要用腰、背、臀和臂挤靠防守人，力争进入内中锋位置。10 秒钟后，攻、守、交换。

要求：双方要全力以赴抢位置，进攻人用腰、胯、肩、背用力挤靠防守人，两臂张开，两肘用力，扩大空间的占有面积。

练习三：原地抢位接球练习。

全队分成两组，一组防守，一组进攻。外围设两名教练员或队员传球。如进攻队员抢位正确，占据了有利位置，教练员可传球给抢位的队员。练习 30 秒后，两名队员站在对组排尾，换下组重新开始练习。

要求：防守积极抢占位置，干扰进攻队员接球。进攻人靠背部感觉和余光，判断防守人站位，做出正确的抢位接球动作，小步接球。

练习四：移动抢位接球练习。

两人一组，一攻一防，教练员协助传球，进攻队员采用交叉步转体、后转身和滑步挤身 3 种步法横滑移动抢位。教练员看到进攻队员把防守挤压到身后时立即传球。进攻队员接球后进攻人身体稳定，向前移动马上回传给教练员，站到对侧做同样练习返回，进攻队员继续防守，20 秒后，攻、守交换练习。

要求：①做交叉步转体横滑移动抢位的转体时，起动脚用力蹬地、转胯、插臂侧肩、两臂上举张开；滑动时，腰、臀用力，挤贴防守人。②做后转身横移动抢位时，要紧贴对手转身，把防守人挤压在身后；③做滑步挤身横滑移动抢位接球时，腰、胯用力，背、肩紧贴防守人，两臂上举张开。

（2）中锋进攻的综合训练

目的：掌握中锋综合进攻技术，提高中锋攻击能力。

练习一：在防守犯规的情况下，中锋进攻练习。

由教练员或一名队员在篮下固定防守，进攻队员在内线强攻时，教练员故意做推、拉、盖等犯规动作，加大队员进攻的难度，增加心理压力，加强攻、守对抗。队员投篮后抢篮板球站在队尾，其他队员依次轮流练习。

要求：防守队员犯规动作不宜过大，避免受伤；进攻队员要运用身体，主动发力挤靠防守队员，合理运用抢攻技术。

练习二：中锋篮下二攻二练习。

队员 4 人一组，两攻两防。进攻队员可以个人摆脱抢位接球，也可以相互掩护摆脱接球攻击。投篮后双方拼抢篮板球，进攻组抢到篮板球继续进攻，直到投中为止。防守组抢到篮板球后立即传球给教练员，攻、守交换练习。

要求：攻防都要积极认真、全力以赴，进攻队员合理地运用强攻动作，掌握时机的运用和节奏的变化。

#### 3. 后卫位置练习方法

（1）掩护技术练习方法

目的：提高后卫队员运球和传球技术。

练习一：一对一运球练习。

半场范围内，运动员在有防守的条件下进行运球练习。进攻队员做各种运球以摆脱防守，防守队员运用各种脚步动作阻止进攻队员向篮下突破。

要求：防守队员要积极移动紧跟进攻人。

练习二：一对二运球练习。

半场范围内，运动员在两个防守的情况下进行运球练习。进攻队员试图保护好球，并伺机突破对手。这个练习的难度高于一般的对抗练习。因此，应在运动员已经基本掌握了各种运球技巧的基础上进行训练。

要求：运球人想方设法突破，两个防守人要伺机抢球。

（2）传球技术的练习方法

目的：提高队员的传球技术。

练习一：三对三传接球练习。

3 名进攻队员分别处在后卫和前锋的位置，每次进攻均要求做 8 次以上的传球才能开始进攻投篮。传球也包括突破后的分球。如传球失误，将交换防守。

要求：在有防守情况下，传球时注意隐蔽。

练习二：四对四传接球练习。

4 名进攻队员分别处在后卫和前锋的位置，每次进攻均要求做 12 次以上的传球才能开始进攻投篮。传球也包括突破后的分球。如传球失误，将交换防守。

要求：同上一练习。

### （三）前锋战术意识的培养

#### 1. 在技术训练中渗透战术意识

篮球比赛中的战术意识是前锋球员在长期的教学、训练和比赛中逐渐积累的。在教学和训练过程中，教练不仅要讲解动作规范和方法，同时，技术应用的目的性、对抗性和隐蔽性也应在每项技术的教学中一点一点地进行有意识的加工、渗透和提炼，从而使球员形成正确的潜意识，积累技术应用的经验和规律，要重点培养前锋球员的观察能力、分析判断能力和视觉选择能力。

2. 提高文化素质，培养战术意识

现代篮球比赛集集体性和综合性于一体，需要运动员具有更聪明的才智和意识，而掌握必要的理论知识基础，对提高球商和球感修养起着重要作用。当前大多数优秀运动员都十分重视自己的文化知识体系，他们绝大部分都是从各大学毕业生中选拔出来的优秀运动员，善于从各科文化知识中吸取营养、增强灵感、开阔思路、拓宽思维领域，对篮球运动具有更丰富的想象力、理解力和创造力，所以他们在比赛中能更深刻地理解教练员、队友的战术意图，场上的综合分析能力、抽象思维能力和随机应变能力等都反映出他们具有非凡的战术修养、个性化特征。前锋队员必须在掌握专项理论知识的同时，加强自然科学、社会科学和综合学科的理论知识的学习，这是优化知识结构、提高战术素养、增强战术意识的重要因素。

3. 提高心理素质，培养战术意识

良好的心理素质是前锋运动员战术意识发展的另一个重要因素。在技术训练过程中，加强对认知能力、意志品质和心理调节的训练，可以提高前锋球员的心理能力，为战术意识的提高打下坚实的基础。运动员专业感知能力的建立是培养战术意识的重要内容。因此，加强运动员的球感、空间感、平衡感和临场感的训练，可以提高运动员感知的反应速度。反应速度的提高表明前锋球员战术意识活动的反应时间缩短，有利于增强意识活动的效率和战术行动的效果。

此外，比赛中的心理素质训练是培养和提高前锋球员战术意识的重要手段。例如，培养他们顽强的意志品质，提高他们的自我调节能力和情绪控制能力，学习心理状态自我调节的方法，有利于为现场比赛创造良好的心理环境，使竞争水平和战术意识处于最佳状态，确保体育运动员在比赛中在正确战术意识的控制下，能够采取最合理的战术行动。

### （四）后卫必备的基础素养

1. 心理素质

核心后卫必须是一名具有独立见解、毅力、有魄力、自控能力、善于克服困难、作风顽强的运动员。在球场上遇到各种干扰和刺激，核心后卫应该能够控制自己的情绪并保持冷静。尤其是在实力相当的情况下，心理稳定将是胜负的决定性因素，心理状态的维持取决于性格特点和个人气质。因此，核心队员的认知能力、感知运动的反应和动员能力、注意力的合理分配以及操作思维的合理性，都应优于其他球员。

2. 身体素质

核心球员必须具备良好的身体素质。身体素质是掌握技术、战术和发展高难度技能的基础，是对抗和奋斗的资本。只有跑跳能力好、力量强、灵敏度高、反应快的球员，才能掌握高超的技巧，发挥核心球员的重要作用。

3. 技术素质

（1）接应与推进。由守转攻时，在可能的情况下要尽量争取和创造快攻机会。一般情况下，核心后卫应该是快攻战术的发动者和组织者。其主要职责就如下：

第一，迅速接应球和控制球，不但要把球接到，还要通过自己的控球能力和准确的传球，将球迅速而安全地输送到前场。

第二，观察判断双方队员所处的位置及变化情况，捕捉有利的战机。一旦出现快攻的时机，就要在最短的时间内把球推进到最合理的位置，或输送到最利于攻击的同伴手中。

第三，如果形成以多打少或人数对等的局面，也需要核心后卫及时跟上，并在弧顶一带接应、配合、起到承上启下、前后衔接的作用。

（2）控制进攻节奏。控制进攻节奏并不是说放弃快攻机会，压球慢慢进攻，而是指在双方人数相等（三对三或四比四）的情况下，将球合理地推到前场并且根据场上的形势判断需不需要抢攻。因为在快攻和阵地进攻之间，往往有一个冲攻阶段（也称为追击），即快攻受阻，且防守方还没有完全落地，暂未形成有效的防守阵形的阶段。这时核心后卫要做出正确判断，控制好进攻节奏：

第一，当本方力量比较占优势的时候，可以选择抢攻。

第二，双方虽然实力相当，但占据有利位置的情况下，本方可以等待形成合理的进攻阵形后，再进攻。

第三，当比分暂时落后，但仍有机会追回时，需要加快比赛节奏时，需要抢攻。

第四，当最后时刻比分领先对方时，如果没有绝对的成功把握，切不可盲目组织抢攻。这时，核心后卫要牢牢控制自己或同伴手中的球，降低攻击速度，尽量减少错误的投球或传球，以确保胜利。

（3）组织指挥阵地进攻。在比赛进入阵地攻击阶段时，核心后卫的主要任务就是根据教练员的指令组织、实施既定战术：

第一，根据所运用的战术配合，迅速组织和形成一定的阵势和队形。

第二，运用合理的配合方法，确定主攻方向，选择好攻击点和攻击时机，组织起有效的攻击配合。

第三，注意观察局势的变化，捕捉战机，及时地、有针对性地变换战术配合。

第四，在既定战术打法受阻时，要及时调配力量避免被动，灵活多变地转入机动攻击，并保持攻守平衡。

## 第三节　运球与传接球技术教学训练

### 一、运球技术教学训练

运球是指运动员用手连续拍按从地面反弹起来的球的动作过程。它是篮球比赛中个人进攻的重要技术，是组织全队进攻战术配合的重要桥梁。

大学生经常进行运球练习很有必要，因为运球练习可以提高手对球的感应能力，提高控制球、支配球的能力。

运球的技术动作方法很多，篮球初级班的学生必须掌握的运球技术动作有高运球、低运球、体前变向换手运球、体前变向不换手运球、运球急停疾起等。

#### （一）运球技术的动作要领

1. 高运球

（1）高运球的动作要领：运球时，两腿微屈，目平视，手用力向下前方推按球，球的落点在身体侧前方，球反弹的高度在胸腹之间，手脚协调配合，使球有节奏地向前运行。

（2）高运球的技术运用：高运球身体重心高，速度快，便于观察场上情况。

（3）高运球的易犯错误：手脚配合不协调；没有推按球的后上方；球的落点不在身体的侧前方。

（4）高运球的练习方法：①原地高运球练习；②原地双手用两个球做高运球练习；③全场往返直线高运球练习。

2. 低运球

（1）低运球的动作要领：运球遇到防守时，两膝应该弯曲，身体重心下降，上体前倾，用上体和腿保护好球。同时，用手短促地按球，使球从地面向上反弹的高度在膝部以下，以便更好地控制球和摆脱防守，继续前进。

（2）低运球的技术运用：当受到对方紧逼时，常用这种运球摆脱防守。

（3）低运球的易犯错误：没有降低重心；球没有保护在两腿之间。

（4）低运球的练习方法：①原地低运球练习；②两人一组一球，一人低运球，另一人抢球；③一人用双手运两个球做低运球练习。

3. 体前变向换手运球

（1）体前变向换手运球的动作要领：运球队员从对手右侧突破时，先向对手左侧变向运球，然后向右侧变向。变向时，右手拍按球的右后上方，把球从自己的右侧拍按到左侧前方，同时右脚向左前方跨出，上体左转，用肩保护球，然后换手运球，加速前进。

（2）体前变向换手运球的技术运用：这种运球一般用于当对手堵截运球前进路线时，突然改变运球方向而摆脱防守。

（3）体前变向换手运球的易犯错误：变向时或换手后拍球的部位不正确，没有用转肩、探肩的动作保护好球。

（4）体前变向换手运球的练习方法：①原地体前变向换手运球练习；②原地“8”字形运球，即在两腿的外侧和中间交错运球，提高控球能力，注意按拍球的部位，屈膝抬头，保护好球，左右交替；③行进间体前变向换手运球练习，队员围绕三个圆圈练习变向运球，运至两圆圈之间换手，在圆圈的外侧运球时必须用外侧手。

4. 体前变向不换手运球

（1）体前变向不换手运球的动作要领：突破对方时，先将球从右侧拨至体前中间位置，当对手向侧移动堵截时，迅速将球拨回右侧，左脚向右前方跨出，同时右手向前运球，加速前进。

（2）体前变向不换手运球的技术运用：一般用于行进间运球摆脱防守或原地运球时突然突破对手。

（3）体前变向不换手运球的易犯错误：假动作不逼真；手向左向右拨球部位不正确、不熟练；手、脚、上体配合不协调。

（4）体前变向不换手运球的要求：变向运球时注意拍按球的部位，要降低重心，保护好球。摆脱障碍物时，变向超越的动作要快，要加速。

（5）体前变向不换手运球的练习方法：①原地体前变向不换手练习；②原地用两个球左、右手同时做体前变向不换手运球练习；③行进间体前变向不换手运球练习。

运球到障碍物时做横运球，随后做变向不换手运球超越障碍物。超越最后一个障碍物后，把球传给另一组的队员，轮流进行练习。

5. 运球急停疾起

（1）运球急停疾起的动作要领：运球急停时，按拍球的前上方；运球疾起时，蹬地，推按球的后上方。手、脚和上体协调配合，控制好重心。

（2）运球急停疾起的技术运用：运球向前推进时，可以用运球急停疾起的变化来摆脱防守。

（3）运球急停疾起的易犯错误：急停时没有拍球的前上方；疾起时，没有推按球的后下方。

（4）运球急停疾起的练习方法：练习运球急停疾起或变速运球。一组练完后交对面的一组队员，轮流进行练习。

6. 背后运球

（1）背后运球的动作要领：当对手紧逼，无法用体前变向运球时可采用背后运球。以右手运球为例，变向时左脚往前，右手将球拉到右侧身后，上右脚同时将球从身后拍按至左脚外侧，然后换左手运球，从左侧运球突破。

（2）背后运球的技术运用：当运球突破时，若右侧已被对手封死，而且两人之间距离很近时，不能运用体前变向突破时采用。

（3）背后运球的易犯错误：①手脚配合不协调；②变向时手腕没外翻，球落点偏后。纠正方法是右手触球上左脚，背后拍球上右脚。

（4）背后运球的练习方法：①脚步练习。上左脚并右脚练习，球反弹至右手时左脚上步，身体重心前移，将球留在身体右侧后方，并步时身体重心下压，右手将球拍至左脚外侧。②突破步伐练习。右脚并步时，左脚同时向前做一垫步，换左手运球突破。③从原地运球练习过渡到行进中运球做背后运球练习，再过渡到结合突破步伐的练习。

7. 运球转身

（1）运球转身的动作要领：以右手运球为例，运球时以左脚为轴，做后转身，同时右手将球拉至身体左侧前方，然后换左手运球，右侧压肩抢位压制住对手，加速前进形成突破。

（2）运球转身的技术运用：当对方逼近不能用直线运球或变向运球突破时，或被对手紧逼形成背向防守时，常采用此方法摆脱防守。

（3）运球转身的易犯错误：①手、脚配合不协调。没触球先转身，球过不来。纠正方法是触球同时快速转身。②手法不对。正确的方法是球反弹回到右手时右手全手掌触球的正上方，在球向上缓冲时手腕外翻，触球的外侧上方，此时右手指指向左侧，控制好球，避免球在转身时的侧向移动。③重心起伏大。运球转身时要保持低重心，不要上下起伏，尽量控制在一条水平线上。

（4）运球转身的练习方法：①运球力度控制。运球转身要借助球的反弹力量，将向上的力转化成一种向侧的力，这样转身时才能克服球的重力作用，因此运球的力要够大，力太小就无法克服球的重力作用。②协调性练习。触球同时快速后转身，转身时以左脚前脚掌为轴，保持重心快速后转身。③手法练习。针对触球后形成翻腕违例和没有外翻手腕的错误，练习触球外翻至球外侧方，并将这一动作保持到后转身时结束。中途不许打开手腕，避免出现运飞球的错误。

8. 胯下运球

（1）胯下运球的动作要领：以右手运球为例，变向时左脚在前，右手拍按球右侧上方，将球从两腿之间运至身体左侧，左手控球后上右脚探肩形成左侧突破。

（2）胯下运球的技术运用：在对方迎面堵截时使用，也可以组合成胯下运球变向突破。

（3）胯下运球的易犯错误：①球反弹触及腿部。纠正方法是重心下压，形成弓步，身体与左脚保持垂直，右手控球到胯下再离手，控制好击地点，落点在两腿之间。②左手触球后控制不住球。纠正方法是触球时左手掌与右手掌相对，在球刚反弹起来时触球，触球后手腕放松，引球至左腰侧并继续运球。

（4）胯下运球的练习方法：①击地点准确性练习。跨步姿势，原地运球做击地点准确性练习。要求练习时身体转正。球的落地角度保持45°，落点在两腿之间。②原地运球左脚上步成左弓步做胯下运球。要求右手触及反弹球时上左脚呈左弓步，接着做胯下运球。③胯下运球衔接左手运球突破。要求换手运球后右肩向左侧前下方探出，压制对手，左手运球从对手右侧突破。

## （二）运球技术的注意事项

第一，熟悉本队的战术，了解战术中的每一个进攻机会，便于掌握运球时机。

第二，扩大视野，全面观察场上的情况。当同伴被对方严密防守不能传球时，可以运球投篮或通过运球寻找传球时机。

第三，善于运用假动作迷惑对手，灵活地运用各种运球动作，借以摆脱防守的阻挠，并把运球与传球、投篮动作结合起来。

第四，准确地判断、及时地捕捉传球或投篮时机。当同伴摆脱防守，抢占有利的进攻位置时，运球队员要及时地把球传给同伴；在防守队员失去有利的防守位置时，运球队员要及时地运球投篮。

第五，在发动快攻过程中，抢到防守篮板球时，防守队员积极封堵第一传、堵截接应队员，这时持球队员可运球突破摆脱防守，然后迅速地把球传给接应队员或快下队员；在快速推进和结束过程中，快下队员被对方严密防守时，可用运球快速推进或运球投篮。

第六，阵地进攻中，当对方扩大防区时，可用运球压缩防守；当进攻位置不合适时，可用运球调整位置；当对方用紧逼防守时，可用运球突破，打乱对方的防守部署；在采用控制球战术时，可以用运球拖延时间。

## 二、传接球技术教学训练

### （一）传球技术

传球是篮球比赛中进攻队员有目的地转移球的方法，是进攻队员在场上相互联系和组织进攻的纽带，是实现战术配合的具体手段。准确的传球，能够打乱对方的防御部署，创造更多的投篮机会。

1. 原地双手胸前传球

（1）原地双手胸前传球的动作要领：两手手指自然分开，拇指相对成“八”字形，用指根以上部位持球，手心空出。两肘自然弯曲于体侧，将球置于胸腹之间的部位。身体成站立姿势，眼睛注视传球目标。传球时，后脚蹬地，身体重心前移的同时前臂迅速向传球的方向伸出，拇指用力下压，手腕前屈，食、中指用力拨球将球传出。出球后身体迅速调整成基本站立姿势。传球距离越近，前臂前伸的幅度越小；传球距离越远，前臂前伸的幅度越大，且需要加大蹬地的力量。

（2）原地双手胸前传球的易犯错误：持球手法不正确；开始传球时，前臂没有迅速向传球方向伸出；传球时手腕不是由内向外翻；传球时拇指没有下压，食指和中指没有拨球。

（3）原地双手胸前传球的技术运用：双手胸前传球是最基本、最常用的传球方法，这种传球方法传出的球球速快，适用于不同距离，而且便于和投篮、突破等动作结合使用。

2. 点拨传球

（1）点拨传球的动作要领：以右手完成动作为例，呈基本站立姿势，当球在低点反弹至手时，借助球的反弹力量并利用手指弹拨力量改变球的方向，将球传给同伴。

（2）点拨传球的技术运用：常在运球或运球突破时使用，特点是隐蔽性强、快速，能收到意想不到的效果。

（3）点拨传球的易犯错误：①球反弹过膝才做动作，贻误了时机；②用手臂力量来传球，影响传球质量。纠正方法是多练习，领会屈腕、手指拨球的动作要领。

（4）点拨传球的练习方法：①低点触球。用足够的力量拍球（根据传球距离而定，距离短，力量小；距离远，力量大），当球刚反弹起来时手指触球后下半部（与传球方向相对而言）。②正面近距离传球。当手指触球时，要求手掌正对出球方向，手腕后屈，借助球的反弹力量，用手指轻拨球的后下部，使球改变方向传给同伴，并且要求球的路线有一定的抛物线，利于同伴接到球。③侧面、背后传球。手法与正面传球基本一致，只是出球方向不一样，方法都是手掌对着出球方向，屈腕，手指弹拨球。

3. 背后传球

（1）背后传球的动作要领：双手持球于胸前，侧对接球队员，传球时，左脚向前迈出一步，双手持球右摆。当球摆到身体右侧，左手离开球，右手引球继续沿髋关节向后绕圈。当前臂摆至背后时，右手腕向传球方向急促前屈，食指、中指用力拨球，将球传出。

（2）背后传球的技术运用：多运用于快攻结束时或突破分球时，特点是隐蔽性强。

（3）背后传球的易犯错误与纠正方法：常见的错误是传球不到位，纠正方法是在多练习基础上牢记技术特点，如摆臂、急促扣腕、手指用力拨球。

（4）背后传球的练习方法：①上步后摆臂。原地持球，左脚向前迈步，双手持球绕臂部经右侧向后摆臂。②原地持球练习传球准确性。此练习主要要求掌握出球方向及用力大小。③快速运球中完成背后传球。从慢速过渡到快速，从无人防守过渡到有人防守。

4. 长传球

（1）长传球的动作要领：用单手或双手借助腰、腿、臂的力量进行长距离的传球。

（2）长传球的技术运用：长传球主要用于快攻中的快速将球传至前场的同伴，形成无人防守或进攻方以多打少的局面。

（3）长传球的易犯错误：常见错误是传球不到位。纠正方法是加强力量方面的练习。

（4）长传球的练习方法：①运球中利用跑动的速度蹬地，双手持球做双手胸前长传球练习；②原地持球做后仰头上双手长传球练习；③原地或运球中做单手肩上长传球练习；④原地持球做侧面头上单手长传球练习。

### （二）接球技术

接球是篮球的主要技术之一。它是获得球的动作，是争抢篮板球和断球的基础。在激烈对抗的比赛中，能否用正确的动作稳稳地接住球，对于减少传球失误、弥补传球不足以及拦截对方的球非常重要。

接球的方式有两种：双手接球和单手接球。接球时，眼睛注视着球，放松肩膀和手臂，用手臂伸出、手指打开。当手指接触到球时，弯曲肘部并把手臂向后拉，以缓冲球的力量。双手握住球，保持身体平衡，后续紧接下一个动作。

1. 双手接球

双手接球是最基本的接球方法，也是在比赛中运用最多的动作之一。其优点是握球牢稳，易于转换其他动作。

（1）双手接胸部高度的球。接球时，两眼注视来球，两臂伸出迎球，手指自然分开，两拇指成“八”字形，手指向前上方，两手成一个半圆形。当手指触球后，两臂随球后引缓冲来球的力量，两手握球于胸腹之间。保持身体平衡，做好传球、投篮或突破的准备。

（2）双手接头部高度的球。动作要领基本与双手接胸部高度的球相同，只是迎球时要向前上方伸出。

（3）双手接低于腰部的球。接球时，屈膝降低重心，一条腿向来球方向迈出一步，上体前倾，眼睛注视来球，双手伸出迎球。当手指触球后，两臂随来球后引，握球于胸腹之间，成基本站立姿势。

（4）双手接反弹球。接球时，迎球跨步，上体前倾，眼睛注视来球反弹的高度，两臂迎球向前下方伸出，五指自然张开。手指触球后，两手握球顺势将球移至胸腹间，保持身体平衡。

（5）双手接地滚球。接球时一般要向来球方向迈出一步，身体下蹲，眼睛注视来球，两手向来球方向伸出，手心向前，手指朝下。触球后顺势将球握住，随即保持基本持球姿势。

2. 单手接球

单手接球控制范围广，可以从不同方向接球。但是，单手击球不如双手击球牢固。因此，一般来说，尽量用双手接球。

如果用右手接球，用右脚向球走去，并注视着球。接球时，手掌呈勺状，手指自然分开，右臂向球方向伸展。当手指触球时，手臂将球向后向下引，左手立即持球，双手持球于胸腹之间，保持基本持球姿势。

## 第四节　持球突破与投篮技术教学训练

### 一、持球突破技术教学训练

持球突破是持球队员运用脚步动作和运球技术快速超越对手的一项攻击性很强的技术。良好的突破技术能打乱对方的防守部署，创造更多的攻击机会，并且容易造成对手犯规而给其造成极大威胁。突破与中投、传球结合起来，能更好地运用战术，进攻更加机动灵活，效果更显著。

持球突破分交叉步突破、顺步突破、前转身突破、后转身突破四种。下面介绍交叉步突破和顺步突破。

### （一）交叉步突破

交叉步突破的动作要领：以右脚做中枢脚为例。两脚左右开立，两膝微屈，身体重心降低，持球于胸腹之间。突破时，右脚前脚掌内侧迅速蹬地，左脚向防守者右脚外侧迈进，重心下压，身体重心前移，将球引于左侧，形成落位后马上回移重心至右脚，身体迅速从左侧右转，左肩向右前方下压，左脚快速从左侧向右跟进，将球拉至右手，中枢脚蹬地从右侧运球突破。

### （二）顺步突破

1. 顺步突破的动作要领

以左脚做中枢脚为例。准备姿势与交叉步突破相同，突破时左脚内侧快速蹬地，右脚向右前方跨出，向右转体探肩，重心前移，右手运球，左脚迅速跟上向右前方跨出，突破防守。

2. 顺步突破的技术运用

交叉步突破和顺步突破是个人突破技术中最常见的，在对手面对面防守时采用。运用过程中假动作要逼真，要吸引防守队员重心右移，尽可能争取防守者右移重心时快速从其左侧突破。另外，运用持球突破时要与投篮及传球结合起来。

（1）当防守者重心上提、前移或防守队员移动能力差时，可果断突破。

（2）利用突破迷惑对方，为同伴创造进攻机会。

（3）对方队员犯规较多，可利用突破造成对方增加犯规，以杀伤对方有生力量，震慑对方的防守意志，赢得比赛的胜利。

（4）为了扭转进攻的被动局面，可用突破技术打破对方防守部署，创造良好的进攻机会。

3. 顺步突破的易犯错误

常见错误是启动速度不够快，不能超越对手。纠正方法是加强启动速度的练习，争取做到在对手还没反应过来时突破成功。

4. 顺步突破的练习方法

（1）原地持球突破练习，要求掌握好突破的动作方法。

（2）跳步接球后急停做突破练习。

(3) 利用瞄篮或传球假动作后做突破练习。

## 二、投篮技术教学训练

投篮是进攻队员为了将球从篮圈上投入篮筐而采取的各种专门动作方法的总称。投篮是篮球运动的主要进攻技术，是得分的唯一手段。一切技术、战术运用的目的，都是为了创造更多的投篮机会，力争投中得分。因此，掌握好投篮技术具有重要意义。

投篮的动作方法很多，篮球初级班要求掌握的投篮动作方法有：原地双手胸前投篮、原地单手肩上投篮、行进间单手肩上投篮、行进间单手低手投篮。

### (一) 原地双手胸前投篮

#### 1. 原地双手胸前投篮的动作要领

两手持球于胸前，手指自然分开，拇指相对成“八”字形，用指根以上部位握球的两侧后下方，手心空出，两臂自然屈肘，肘关节下垂，两脚前后或左右开立，两膝微屈，重心落在两脚上，眼睛注视瞄准点。投篮时，下肢蹬地发力，两臂向前上方伸直，前臂内旋，拇指下压，手腕前屈，食、中指用力拨球，通过指端将球投出。球出手时身体随投篮出手方向自然伸展，脚跟微提起。

#### 2. 原地双手胸前投篮的易犯错误

投篮之前脚站立姿势不正确；投篮之前手持球动作不正确；投篮时，手和脚的用力不协调；投篮时，手腕没有前屈，食指和中指没有用力拨球；投篮出手后，双手没有跟随球的动作或跟随动作幅度不大。

#### 3. 原地双手胸前投篮的技术运用

原地双手胸前投篮的特点是投篮力量大，适用于中、远距离的投篮和罚球，便于和传球、运球突破相结合使用。比赛中，女运动员运用较多。

#### 4. 原地双手胸前投篮的练习方法

(1) 正面投篮。队员每人一球，在罚球线上排成单行，自投自抢，依次反复进行。

(2) 各种距离、角度的投篮。队员面对篮筐，每人一球，离篮筐 5~7 米左右站成一个弧形。开始时，篮下有一人传球，投中者继续投，直到投不中为止。全部队员轮流练习后，按顺时针方向移动位置。

(3) 三分篮加罚球。两人一组一球。开始时，队员投三分篮后迅速冲抢篮板球并跑到罚球线上罚球一次；罚球后，抢篮板球，传给队友，然后回到队尾。队友照此法练习。练习一定时间后，比谁得分多。

（4）两人一组一球，一人传球，一人投篮。规定连续投 10~20 次，或达到规定的投中次数。两人交换练习。

## （二）原地单手肩上投篮

### 1. 原地单手肩上投篮的动作要领

以右手投篮为例。右手持球于肩上，右手五指自然分开，用手掌外沿和指根以上部位托住球的后下方，手心空出，手腕后仰，球的重心落在食指和中指之间，肘关节自然下垂，置球于右侧肩的前上方，左手扶球的左侧，右臂屈肘，前臂与地面接近垂直。两脚左右开立或前后开立，两膝微屈，重心落在两脚上。投篮时，下肢蹬地发力，右臂向前上方伸直，手腕前屈，食指、中指用力拨球，通过指端将球投出。球出手时，身体随投篮方向向上伸展，脚跟微提起。

### 2. 原地单手肩上投篮的易犯错误

投篮前脚步站立姿势错误；投篮前手持球动作不正确；投篮时，手向前伸太多，向上方伸不够；投篮出手时，手没有屈腕，食指和中指没有拨球；投篮时，全身用力不协调。

### 3. 原地单手肩上投篮的技术运用

原地单手肩上投篮是行进间单手肩上投篮、跳起单手肩上投篮的基础。运用这种投篮技术时，出手点高，所以适用于不同距离和位置，也便于和其他技术结合运用，是最先进的投篮技术之一。

### 4. 原地单手肩上投篮的练习方法

原地单手肩上投篮的练习方法可以参考原地双手胸前投篮的练习方法。

## （三）原地跳起单手肩上投篮

### 1. 原地跳起单手肩上投篮的动作要领

以右手投篮为例，两手持球于胸前，两脚前后（或左右）开立，两腿微屈，重心在两脚上，起跳时两腿迅速屈膝，脚掌用力蹬地向上跳起，双手举球随身体向上并形成单手肩上投篮动作，当身体接近最高点时球离左手，右臂向前上方伸直，手腕前屈，食指、中指拨球，通过指端将球投出。注意起跳要短促有力，保持身体平衡，落地时屈膝缓冲。

### 2. 原地跳起单手肩上投篮的技术运用

由于原地跳起单手肩上投篮具有突然性、出手点高、不易防守的优点，同时又具有可以与传接球、运球突破和其他技战术相结合的特点，在中距离投篮时运用较多。

3. 原地跳起单手肩上投篮的易犯错误

（1）出手动作慢，投篮时重心已下落。主要原因是伸臂速度慢于跳起速度，当身体接近最高点时手臂没有完全伸直，身体下降时手臂才伸直投篮。纠正办法是练习手脚同步，持球伸臂速度要与跳起速度一致，保证身体没下落前出手投篮。

（2）边起跳边向上推臂投篮，没有滞空瞄篮动作。主要原因是举球时没有举至头顶，直接从腹部向前举球，没有向上动作造成没有滞空瞄篮过程。纠正方法是练习起跳同时向上举球而不是向前举球，必须强调要有滞空瞄篮过程。

4. 原地跳起单手肩上投篮的练习方法

（1）徒手做原地跳起单手肩上投篮。要求跳得高，有滞空瞄篮过程。让队员体会跳起与举球的配合，形成动作定型。

（2）两人一组相隔 5 米面对面练习，要求动作规范，球要后旋并形成抛物线，落点要求在同伴头顶上方。

（3）投篮练习，要求从稍近距离过渡到中远距离。

（4）专项练习。练习腿部力量，跳起有一定高度；练习手臂、手腕力量，尽可能做到远距离能跳起投篮。

## （四）行进间单手肩上投篮

行进间单手肩上投篮的动作要领：以右手投篮为例。右脚跨出一大步的同时接球，接着左脚跨出一小步并用力蹬地起跳，右腿屈膝向上抬起，右手举球于肩上，当身体接近最高点时右臂向前上方伸直，手腕前屈，食指、中指用力拨球，通过指端将球投出。

行进间单手肩上投篮的易犯错误：在没有跨出第一步之前接球，造成走步违例；第二步跨步太大，不能控制身体平衡；举球速度不快，造成投篮动作衔接不上；没有掌握好上篮的角度和起跳点；手脚配合不协调。

行进间单手肩上投篮的技术运用：一般多在快攻或切入篮下时运用，也可以在中、近距离运用。

行进间单手肩上投篮的练习方法：可以参考行进间单脚起跳低手投篮的练习方法。

## （五）行进间单手低手投篮

行进间单手低手投篮有单脚起跳和双脚起跳两种。

1. 行进间单脚起跳低手投篮

（1）行进间单脚起跳低手投篮的动作要领：以右手投篮为例。右脚跨出一大步的同时接球，左脚接着跨出一小步并用力蹬地起跳，右腿屈膝上提，双手向前上方举球。当身体接近最高点时，左手离球，右手外旋，掌心向上，托球，并充分向篮筐的上方伸直，接着屈腕，食指、中指用力拨球，通过指端将球投出。

（2）行进间单脚起跳低手投篮的易犯错误：跨第一步前接球，造成走步；起跳点离篮圈太远；第二步跨出太大，不能控制身体平衡；起跳后，投篮手向篮圈方向举球不迅速；投篮手投篮时手掌心没有向上；投篮时，食指、中指没有用力拨球。

（3）行进间单脚起跳低手投篮的技术运用：一般多在快攻或突破对手后运用。

（4）行进间单脚起跳低手投篮的练习方法：①半场传球上篮。两人半场传接球投篮，互换位置。②半场三人传、接球投篮。3 人按路线跑动，传、接球投篮，依次换位进行。③半场三人交叉跑篮。队员按路线传球，交叉跑动接球投篮，然后抢篮板球，3 人按顺时针方向轮换。

2. 行进间双脚起跳单手低手投篮

（1）行进间双脚起跳单手低手投篮的动作要领：以右手投篮为例。左脚跨出一大步的同时接球，右脚迅速跨一小步，两脚同时蹬地向投篮方向跃起。投篮动作与单脚起跳单手低手投篮相同。

（2）行进间双脚起跳单手低手投篮的易犯错误：起跳点离篮圈太远；双脚没有同时蹬地起跳。

（3）行进间双脚起跳单手低手投篮的技术运用：一般在快攻或突破对手时运用。

（4）行进间双脚起跳单手低手投篮的练习方法：参考行进间单脚起跳低手投篮的练习方法。

### （六）急停跳起投篮

急停跳起投篮是进攻队员在行进间运用突然急停不摆脱防守转而进行投篮。急停跳起投篮又分为接球急停跳起投篮和运球急停跳起投篮两种。

1. 急停跳起投篮的动作要领

在行进间运球时，用跨步急停或跳步急停，急停同时做好起跳准备，停稳后突然向上跳起，两手持球迅速上举，当身体接近最高点时前臂迅速向前上方伸直投篮。

2. 急停跳起投篮的技术运用

急停跳起投篮是快速运球中寻机投篮的最好办法。此外，接球时当对手距离较远，采取快速起跳投篮可以避免对手封盖，是比赛中常见的得分方法之一。

3. 急停跳起投篮的易犯错误

（1）衔接不好，起跳动作太慢。纠正方法是急停结束迅速开始起跳。

（2）急停时脚步落位不对，造成不利于起跳或跳起后没有正对篮圈。纠正方法是多练习落位，急停前要预先判断双脚位置是否利于起跳，身体是否能正对篮圈。

4. 急停跳起投篮的练习方法

（1）步伐练习。练习好跨步急停与跳步急停的正确方法。

（2）接球或运球中掌握急停正确方法。

（3）落位控制练习。根据防守队员位置选择好落位，要做到接球急停时距防守者一步距离，既要最靠近篮圈又要避开对手封盖。运球急停时先要加速，待对方快速退防时突然急停跳起投篮。

# 第五节　防守与抢篮板技术教学训练

## 一、防守技术与教学

防守技术是防守队员为阻挠和破坏对手的进攻，合理运用脚步移动和手臂动作，积极抢占有利位置，以达到争夺控制球权的目的所采用的各种专门动作方法的总称。

防守对手是一项综合性的个人技术，它不仅需要快速的脚步动作和灵活多变的手部攻击动作，而且还要具有良好的观察、判断和敏捷的反应能力。防守队员要积极地抢占合理位置，干扰、破坏对手的进攻行为，争夺控制球权，同时，还要想方设法破坏对方的战术配合和限制对方的进攻速度。防守对手是个人防守技术，也是集体防守战术配合的基础。因此必须高度重视个人防守技术的教学训练，促进防守和进攻技战术的全面提高。

### （一）防守技术基础

防守技术是由脚步动作、手臂动作结合对手与球、篮的位置、距离等因素所构成的。脚步动作是防守时采用的移动步法，是个人防守技术的基础。防守队员运用脚步动作，抢占有利的位置与手臂动作配合干扰对方传、接球，封盖投篮和抢、打、断球，最大限度地破坏对方进攻，以达到争夺球权的目的。

1. 防守无球队员

防守无球队员是指进攻队员处于无球状态时，防守队员灵活地运用多种移动步法和手部的有效组合，最大限度地防止和破坏对手行动。现代篮球比赛中无球进攻队员的行动越来越体现出速度快和攻击性强，力求移动到对自己有效的投篮点或攻击区域内去接球，或是力图与防守者形成位置差、时间差去接球，从而达到接球后的有效攻击目的，这就对防守无球队员提出了更高的要求。防守无球队员是一个连续的移动和争夺球的过程，必须具备多种防守移动步法，并能根据需要熟练合理地组合在一起加以运用，要求在移动过程中始终保持较低的身体重心，以便随时快速改变方向和步法。

防守无球队员的方法包括防守位置的选择、防守姿势、脚步动作和断球等环节。

（1）防守位置。防守时，位置的选择非常重要。正确合理地抢占有利位置，是防守主动的重要条件。防守队员要根据对手、篮筐和球的位置与距离，以及对手的身高、速度、进攻特点、战术需要和自身防守能力来选择防守的位置和距离。为了做到人球兼顾，应与球和对手保持一定的角度和距离。选位于对手与篮筐之间偏向有球一侧的位置上。

防守的距离要根据对手与持球人距离而定。根据球在场上的位置，可将球场分为强侧和弱侧。球所在的一侧为强侧，远离球的一侧为弱侧。

强侧防守无球队员的位置选择，应站在对手与篮筐之间，偏向有球一侧。离球近则近，离球远则远。防守时要能达到干扰对方之间传递球，形成球、对手与防守者之间的三角关系。

弱侧防守无球队员的位置，应选择在与对手相对远些、靠近篮筐一侧的位置。

（2）防守姿势。正确的防守姿势能保证扩大控制面积和及时向不同方向移动。选择防守姿势与对手和球的距离远近有关。

强侧（有球侧）防守方法：防守距离球较近的对手时，经常采用面向对手侧向球的斜前站立姿势。靠近球侧的脚在前，屈膝，重心在两脚之间，便于随时启动，堵截对手摆脱移动的接球路线。伸右侧手臂，拇指朝下，掌心向球，封堵传球路线，干扰对手接球。特殊情况下，为了不让对手接球，在弱侧防守时也采用这种防守姿势。

弱侧（无球侧）防守方法：防守距离球较远的对手时，为了便于人球兼顾和协防，经常采用面向球，侧向对手的站立姿势。两脚开立，两腿稍屈，两臂伸于体侧，掌心向着球的方向。密切观察球、人的动向，并随着球或人的移动而不断地通过滑步调整自己的防守位置。

（3）脚步动作。防守时，防守队员要根据球和人的移动，合理地运用上步、撤步、滑步、交叉步、碎步和快跑等脚步动作，并配合身体动作抢占有利防守位置，堵截其摆脱移动路线。在与对手发生对抗时，重心下降，双脚用力扒地，两腿弯曲，扩大站位面积，上体保持适宜紧张度，在发生身体接触瞬间提前发力，主动对抗。合理使用手臂动作干扰对手视线，扩大防守空间，保持身体平衡，快速移动，抢占有利位置。

防守位置、姿势与脚步动作三者间有着密切的内在联系。不同位置、不同姿势、不同动作的有机结合、运用与变化，构成了完整的防守。

2. 防守持球队员

篮球比赛中持球队员的进攻对防守的威胁最大，因为只有持球队员才有得分的机会，或传球给无球队员创造得分机会，所以防守持球队员的主要任务是要尽力干扰对手的投篮、传球，堵截其运球突破，封堵其助攻传球，并积极抢打球，以达到获得控制球权的目的。

（1）防守位置。当进攻队员接球的一瞬间，防守队员应及时站位于对手与篮筐之间，保持适当的距离，并用正确的防守姿势，积极移动，阻截和干扰其进攻。有时防守的位置要根据所防对手的特点和本队战术的需要做适当的调整，以能控制对手为原则。如进攻队员投篮较准而运球突破技术较差，则应大胆地靠近投篮队员，封盖其投篮；如进攻队员运球突破技术强，又习惯于向右侧突破，防守队员应距离对手稍远些，并站在对手向右侧突破的路线上；如进攻队员不习惯于左手运球，防守队员在移动过程中应尽量迫使其左手运球，以便造成其失误或给本队创造夹击的机会。

（2）基本步法。防守持球队员的步法，要根据进攻队员在场上的位置、距离篮筐的远近、持球队员的特点等选用。一般采用的步法有平步和斜步两种。不管采用何种步法，都要以灵活的脚步动作作为基础，抢占有利的防守位置，争取防守的主动权。

第一，平步步法。两脚平行开立，这种步法的优点：防守面积大，便于左右移动，对防守对方突破较有利。

第二，斜步步法。两脚前后开立，以便前后移动，对防投篮较为有利。

## （二）防守技术的动作方法

1. 防守无球队员的动作分析

（1）防纵切接球。进攻队员传球后，防守队员应及时边停边向球外侧错位防守，当进攻队员向篮下纵切要球时应抢前移动，合理运用身体堵截纵切路线，同时伸出左臂封锁接球，迫使对手向远离方向移动。

（2）防横切接球。横切要球时，防守队员上左脚，合理运用身体堵截，同时伸左臂封锁接球，不让他从自己身前横切要球。

（3）断球。断球是抢获对方传球的方法。根据传球方向与对手之间的位置关系，有横断球、纵断球和封断球。不论是从接球者的侧面或后面进行断球，还是封堵传球者的传球，都要有积极的移动步法来配合，跃出获球或接近封堵都要准确地判断传球队员传球出手的瞬间。横断球和纵断球要注意跃出的步法，蹬地要快而有力，用身体将接球者挡身后。封断球则要求手臂拦截动作快速。截获球后要注意身体平衡，迅速转入下一个动作，反守为攻。

断球的动作方法：当防守要从对手右侧绕前断球时，右腿先向前跨第一步，然后侧身跨左脚绕到对手身前，同时重心前移，左脚（或双脚）用力蹬地向前跃出，身体伸展，两臂前伸，将球截获。

断球的动作要领：侧身绕前，跨步要迅速有力，手部前伸突然。

横断球是指从侧面跃出截获进攻队员的传球。

横断球的动作方法：断球时，重心迅速向断球方向移动，以短而快的助跑，单脚或双脚用力蹬地突然跃出，身体伸展，两臂前伸，用双手或单手将球截获。

横断球的动作要领：蹬地有力，跃出快速突然。

纵断球是指从接球队员身后或侧后方突然用绕前防守步法跃出，截获进攻队员的传球。

### 2. 防守持球队员的动作方法

（1）防投篮。防对手中距离投篮时，应站在对手与篮筐之间贴近对手的位置上，两脚前后斜立，屈膝直腰，前脚同侧手伸向对手瞄篮的球，并积极挥动，干扰和影响其投篮，重心略偏前脚，并稍微提踵，脚下要不停地前后碎步移动。另一臂侧张，以防其传球和保持自身平衡，以便随时变换防守动作。

如果防守队员距离对手较远时，应在对手接到球的同时，迅速移动到适当距离的位置上；如果对手已接球，而防守队员的距离较远时，防守队员就应积极挥摆前伸的手，同时积极移动脚步，逐渐接近对手，防止其接球后立即投篮。防守队员向前移动时切忌步幅太猛和过大，以免失去身体平衡，使对手获得突破的机会。如果投篮队员进行投篮时，或防守队员上步不及时，则应随对手的出球动作，迅速顺势起跳，单臂上伸封盖，影响其投篮的方向和出手的角度。

（2）防突破。防突破的位置和距离的选择，应根据持球的对手离篮筐远近和对手的特点而定。对手距篮筐远，又善于突破时，防守队员应以防突破为主，抢占持球队员与篮筐之间贴近对手的位置，做好防守姿势。如持球队员由投篮变为向防守队员左侧突破时，防守队员的前脚应迅速用前脚掌内侧用力蹬地，撤步并迅速向左侧斜后方滑步，阻截其突破路线；如进攻队员变投篮向防守队员右侧突破（交叉步突破）时，防守队员应迅速蹬地向右侧斜后方做后撤步，并伴随对手做横滑步，阻截其突破路线，使其被迫改变动作方式和动作方向。

（3）防运球。在一般情况下，为了不让对手运球超越自己，防守队员应与对手保持一臂左右的距离，两臂侧下张，两腿弯曲，在积极移动中保持正确的防守姿势，准确判断，随时准备抢、打球。如果要使防守具有攻击性，也可以采用贴近对手的平步防守，以扩大防守范围，增加对手做动作的难度。

防守持球队员要根据对手的特点和本队的策略，采用不同的防守方法和策略，如为了达到一定的战术目的，可采用放其一侧，堵中放边的策略，诱使对方向边线运球，然后迫使其停止运球，造成夹击防守。

（4）防传球。持球队员离篮筐较远时，其主要的传球意图是向中锋供球和转移球。防守时要根据其位置和视线，判断其传球意图，控制其进攻性的传球。对手离篮较近时，主要防其突然传（分）球，应注意对手眼神和假动作——往往是眼向上看，球向下传；眼向右看，球向左传等。防守队员要精神集中，随球动而采取打、封、阻动作。打球时以肘关节为轴，前臂上下、左右迅速屈伸。必要时配合脚的动作，用抢、打、断球破坏其传球。

（5）抢球。抢球是从进攻队员手中夺球。抢球时首先要接近持球队员，看准持球的空隙部分，双手突然抓住球用力猛拉或转拖的动作将球抢过来。运用时要抓住持球队员注意力分散、转身和由空中获球下落、运球停止等时机，两手握球要准而快，用力要突然，要有迅雷不及掩耳之势。

（6）打球与盖帽。打球是打掉进攻队员手中的球。有打掉原地持球队员手中的球，打掉运球队员手中的球和打掉上篮队员手中的球。打球时接近对手是前提，要掌握好时机，根据对手持球部位的高低和走势、运球时球反弹的方向与速度、投篮举球出手前的过程等，分别由下向上、由上向下或从侧面快速伸出前臂，用腕、指的力量拍击球，动作要快而短促。

盖帽是防守投篮即将出手或出手后的打球技术，就是当球即将投出或投出正处于上升阶段时，防守队员将球拍打掉的动作技术。当前盖帽技术有很大的发展，随着运动员的身高和弹跳素质的增长以及判断能力的提高，这一技术已成为防投篮最有威胁的手段。在不同情况下可以采用按压式、上挑式、侧击式、封盖式拍打球。盖帽的基本要领是：降低身体重心、快速移动，选择有利方位，判断对手起跳和投篮出手时间，及时起跳。手臂和身体充分伸展，用前臂、手腕、手指动作打球，动作要短促有力。

### （三）防守教学和训练方法

#### 1. 防守的教学步骤

（1）先要先教单个技术，再教组合技术；先在消极对抗情况下练习，后在积极对抗的情况下练习。防守技术要结合防守战术配合进行训练。

（2）在防守训练中，首先要树立积极防御的指导思想，培养积极主动的攻击性防守意识和不怕苦、不怕累、勇猛顽强、勇于拼搏的防守作风，要克服重攻轻守思想。

（3）要特别重视加强从防无球到防有球，从防有球到防无球，从防强侧到防弱侧，从防弱侧到防强侧的转化训练。

2. 防守的练习方法

（1）选择防守位置练习。进攻队员在外围传球，可做摆脱接球动作，但不能穿插、掩护。防守队员根据球的位置做相应选位。积极防守对手的摆脱接球，反复练习数次后，攻守交换。要根据球的转移随时调整防守位置，始终做到人球兼顾，保持正确防守姿势，强侧区要靠近对手，弱侧区可远离对手。

（2）防守摆脱接球和空切练习。进攻者摆脱接球结合纵切，防守者防守时要面对对手，侧对球，右手伸向传球路线封锁接球，防守对手摆脱接球的同时还要控制其纵切。要人球兼顾，以人为主。

（3）防守横切练习。要及时调整防守位置，合理运用移动步法、身体和手臂动作阻挡对手横切路线，使其改变横切路线。要利用合理运动和积极移动，不允许对手在限制区内接球。

（4）半场三对三练习。进攻队员在半场进攻中可做投篮、突破、运球和传球，防守者根据对手的动作，积极挥动手臂和移动脚步进行防守。防守无球队员根据对手不断变化的位置，及时调整脚步，控制对手接球和摆脱。一旦对手接球，则按防有球的方法进行防守。要根据对手行动及时调整防守位置，始终保持正确的防守姿势，合理运用防守动作。

3. 防守技术教学中的易犯错误及其纠正

（1）防有球队员的易犯错误及其纠正方法

第一，防守时身体的基本姿势不正确，防守位置，距离选择不当，没根据对手的动作采取相应动作。

纠正方法：多做分解示范，使学生看清防守位置和距离，不同的进攻行动选择不同的位置和运用不同的动作。可两人一组交换练习，持球人在相对篮筐的不同的位置和距离做原地运球、持球、投篮的动作，防守者做相应防守动作。练习时，由教师或学生进行语言提示，练习者按正确方法去做动作。

第二，防守时两臂下垂，两腿未能合理曲膝，身体重心高，不能及时移动、积极抢位和主动用力，或脚下移动步伐混乱难以追堵，造成手臂犯规。

纠正方法：讲解正确动作方法，并做示范，使学生明确防守有球队员的基本要求与方法，让学生建立正确动作概念。

第三，盲目抢、打、断球或起跳封盖。

纠正方法：讲解抢、打、断球或起跳封盖的时机，并且一一进行演示，形成正确概念和表象。可让学生互相配合，先在慢速的情况下把握正确时机和方法，逐渐增速进行练习，最后结合比赛去体会。

（2）防无球队员的易犯错误及其纠正方法

第一，防守时身体各部位基本姿势不正确，不能做到人球兼顾，或移动步法混乱，造成漏人或犯规，不能抢占正确防守位置。

纠正方法：讲解正确动作方法并做示范，使学生明确防守无球队员的基本要求与方法，让学生建立正确动作概念，或播放一些高水平比赛中防守无球队员的正确站位方法录像。

第二，当对手空切时，不能提前堵截，让对手在身前接球。

纠正方法：讲解正确动作方法，并做示范，使学生明确防守无球队员空切的基本要求与方法，让学生建立正确动作概念。在场上画出攻防队员落位及移动路线，防守者根据对手空切路线及时抢占有利的防守位置。

#### 4. 防守技术的教学训练建议

（1）防守技术是全队防守的基础，无论是防守无球队员还是防守有球队员都很重要。在教学训练时，首先要讲解、示范防守的位置、距离、姿势和步法，使学生建立明确的概念。

（2）在教学训练过程中，按照由简到繁、由易到难的原则，逐渐增加练习的难度和要求。

（3）注意培养学生积极防守的意识，抢到防守球时要始终全神贯注，一丝不苟。克服重攻轻守的思想。

## 二、抢篮板球技术与教学

### （一）抢篮板球技术动作方法

#### 1. 抢进攻篮板球

进攻队员抢篮板球时一般处于防守队员的外侧，需要移动和摆脱对手，因此抢进攻篮板球时要突出一个“冲”字。

（1）抢进攻篮板球的动作方法：处于篮下或内线队员抢进攻篮板球，当同伴或自己投篮时，靠近篮下的队员要及时判断球反弹的方向，同时以假动作绕跨挤到对方的身前，利用跨步或助跑起跳，跳到最高点进行补篮或直接获取篮板球。

处于外线位置队员抢篮板球，当同伴投篮时，如进攻队员面向篮筐，则首先要观察判断球的反弹方向、速度和落点后，突然启动冲向球反弹方向进行补篮或抢获篮板球。以从防守人身后左侧冲抢为例，进攻队员面向篮筐时，右脚向右侧跨步，向右侧做假动作。随后以左脚为支撑脚，右脚向左跨出一小步，重心移至左脚。同时右脚立即向前跨步绕前，挤靠防守人，跳起抢篮板球或补篮。

（2）抢进攻篮板球的动作要领：首先是准确地判断和抢占有利的位置，及时起跳，要突出一个“冲”字。

2. 抢防守篮板球

防守队员抢篮板球要突出一个挡字，利用自己占据篮下或内侧位置挡抢篮板球。

（1）抢防守篮板球的动作方法：处于篮下防守，当进攻队员投篮时，根据对手移动情况和位置，运用上步、撤和转身等动作把进攻队员挡在身后，并抢占有利位置。在篮下抢位挡人时，一般采用后转身挡人，降低重心，两肘外展，抢占空间面积，保持最有利的起跳姿势。

外围防守队员抢篮板球，当进攻队员投篮、防守队员面向对手时，首先要观察判断对手动向，采用合理动作利用转身阻止对手向篮下移动，并抢占有利的位置。起跳抢球时，在两臂上摆的同时两脚前脚掌用力蹬地，身体和手臂尽量向球的方向伸展，达到最高点时，用单手、双手或单手点拨球的方法抢球。最好在空中将球传给同伴，完成发动快攻第一传；如不可能，则落地时应侧对前场，观察情况，迅速传球发动快攻或运球突破摆脱防守及时将球传给同伴。

（2）抢防守篮板球的动作要领：防守队员首先要准确判断球的方向和落点，抢占有利位置，运用移动和转身动作，合理地先挡后抢。

## （二）抢篮板球教学和训练方法

1. 抢篮板球的教学步骤

（1）使学生明确抢篮板球的重要性，在进行抢篮板球技术训练中要注意培养学生顽强的战斗作风和积极拼抢的意识，养成每投必抢的习惯。

（2）学习抢篮板球技术教学的步骤：在了解技术动作要领和动作方法的基础上，先练习原地起跳抢球，再练习移动、抢位、挡人，然后练习起跳抢篮板球的完整技术，最后在比赛或有对抗的情况下进行抢球练习。

（3）要在掌握投篮不中时球的反弹、落点规律基础上，提高抢进攻篮板球时的冲抢意识和抢防守篮板球时的挡抢意识。

2. 抢篮板球的练习方法

（1）徒手模仿练习。学生成两横队站立，根据教师口令做徒手原地双脚起跳，模仿单、双手抢篮板球动作进行练习。起跳有力，身体充分伸展，抢球动作迅速有力，获球落地稳。

（2）前后转身的抢位练习。两人一组，面对面站立。练习开始时，进攻队员和防守队员相距 1 米，左前转身挡人抢位练习。1 分钟后，改为贴身防守，左后转身挡人抢位练习。再做 1 分钟攻、守交换练习。要求进攻队员开始先原地站立，再消极移动。防守队员要及时转身挡住进攻者，眼睛应立即转向篮球。

（3）投封闭篮球的抢篮板球练习。三人一组，在限制区内站成三角形，教练员协助投篮。篮筐用网子封闭或套一小篮筐。开始时队员背向篮筐做前、后转身抢后场篮板球。做 10 次以后，改为面向篮筐做绕前步或后转身抢前场篮板球。再做 10 次后，换下组练习。要求各技术环节（包括抢位、起跳、抢球和落地）都要符合规范要求。各技术动作环节衔接连贯协调。

（4）抢后场篮板球练习。队员两人一组，教师投篮。开始时教师做瞄篮和突破假动作，两队员在限制区内做相应的滑步防守动作。当教师投篮后，两队员立即转身抢篮板球，抢到球的队员传球给其他队员，然后分跑到对组的排尾，下组继续练习。

（5）抢前场篮板球练习。两人一组，分别设置一障碍物，教师投篮，队员面向篮球并在身前设置障碍物。当一人投篮后，两队员立即用绕前步或转身插到障碍物前抢篮板球。得球后传给另一人，然后跑到对组排尾，下组继续练习。

（6）结合其他技术的练习。队员两人一组，投封闭篮筐。一人投篮，另一人抢篮板球，落地后传球给其他人，然后到对组排尾，如此重复进行。注意落地后脚尖指向边线或场内，转身面向接球者，传球应快速、准确。

（7）"二对二"抢篮板球练习（也可"三对三"或"四对四"练习）。两人进攻，两人防守。任何一名进攻队员都可以投篮。当进攻队员投篮后，防守队员要转身挡人，进攻队员设法绕过防守者，冲向篮下抢篮板球。如进攻者抢到篮板球则继续投篮，如防守者抢到篮板球则立即运球突破，然后攻、守交换，重复上述练习。面对面挡人时，要注意培养先挡后抢的意识。

3. 抢篮板球技术的易犯错误及其纠正

（1）对对手投篮不中没有预测，视野狭小，对球反弹后落点判断不清楚，盲目移动。

纠正方法：重点讲解篮板球反弹落点的一般规律。多次重复训练投篮不中后，根据对手和投篮队员所处的位置，正确判断篮板球反弹的方向和距离，运用快速的脚步移动抢占有利位置。

（2）抢防守篮板球时，只看球而忽略先挡人抢占有利位置。

纠正方法：讲解抢篮板球先挡人的重要性，示范挡人的正确方法，提高学生挡人的意识和正确运用挡人的方法。进攻队员投篮时先做挡人再抢球，增加挡人抢篮板球的意识。也可进行对抗练习，两人一组，一对一分布在罚球线圆圈周围，球放在罚球线中间，当教师发出抢球信号后，双方开始抢球，此时防守队员要运用转身、撤步等脚步动作用背、臂或腿把进攻者挡在身后。

（3）抢篮板球时，出现推人、撞人和拉人动作，造成犯规。

纠正方法：讲解抢篮板球时正确的挡人和冲抢动作，并多做示范，提高学生抢占位置的认识和建立正确的概念。可进行重复训练，“一对一”“二对二”或“三对三”抢篮板球练习。进攻者投篮后，双方都抢篮板球，要求攻守双方在规则允许的范围内进行挡人或冲抢练习。

4. 抢篮板球技术教学训练的建议

（1）注意抢篮板球教学训练和其他技术结合，抢防守篮板球和一传、运球突破技术相结合，抢进攻篮板球和补篮或二次进攻相结合训练。

（2）注意抢篮板球要在战术背景下练习，把抢篮板球技术和战术结合起来训练。

（3）强调抢篮板球技术的实战训练，加强抢篮板球的对抗练习，抢防守篮板球强调先挡人后抢球，强进攻篮板球强调先冲抢占据有利位置再抢球。

（4）注意加强身体素质和控制球能力的训练，为在激烈的对抗中争抢篮板球打好基础。

# 第四章 高校篮球运动的战术教学与训练

## 第一节 高校篮球战术原理与基础配合

### 一、篮球运动战术原理

#### （一）篮球运动战术设计原理

1. 篮球战术设计原则

篮球战术设计是指运动员根据不同的原则、内容与形式，部署与运用具体的战术方案，包括具体的战术打法、战术阵形和战术特点等。“战术是篮球运动的重要组成部分，战术训练也是球队训练的重中之重。战术训练不仅具有技术训练的不断重复、熟练的过程，更具有集体性、攻守平衡性、多变性等特点，所以训练过程复杂而多变。如何搞好篮球战术训练，并能在比赛中合理地、灵活地运用战术，最大限度地发挥集体力量和个人作用，是摆在每位教练员面前的重要课题。”① 战术设计的好坏能反映出一个篮球队的技术水平的高低。在篮球运动实践中，战术设计应遵循以下四个原则：

（1）均衡性和连续性原则。首先，篮球战术的设计关系到整个比赛的输赢，因此应从整个比赛攻守动态的过程去考虑篮球战术。在战术开始发动到战术结束的整个转换过程中，都要对运动员的位置分布、移动、衔接、主攻与辅攻、强侧与弱侧、内线与外线、快与慢等进行考虑和部署。其次，不同战术之间的转化应迅速、及时，以免对方有机可乘，因此，应注意战术的衔接、变化、实施的连续性，做到有序不乱。

（2）针对性与优化性原则。一方面，篮球战术的设计应有明确的目标，有针对性地计划和实施战术，使战术的运用既能发挥本方优势又能限制对方；另一方面，篮球战术的阵容结构要优化组合，既要有突破一点带动全局，又要有各种不同形式的搭配，能根据赛场态势优化组合、出奇制胜。

---

① 张成龙. 现代竞技篮球战术训练新思考［J］. 广州体育学院学报，2012，32（06）：77.

（3）长远性和近期性原则。篮球战术的设计应重视长远性和近期性相结合，在与篮球队近期的比赛任务相结合的基础上，重视与篮球队的长远奋斗目标、指导思想相结合，通过阶段性、年度性的训练计划逐渐培养和形成本队的打法与风格。

（4）稳定性和机动性原则。篮球战术的设计应重视稳定性和机动性相结合，在战术指导思想指导和战术方法的实施上，坚持执行本队既定战术打法，同时辅以其他应变性措施，充分发挥队员在比赛中的主观能动性，根据具体情况机动灵活地运用篮球战术。

2. 篮球战术设计程序

（1）确立篮球战术理念。篮球战术理念是篮球战术思想的精髓，具有个体性特征，能最大限度发挥全队成员技能、体能、心理素质等综合潜能，构建符合实际的、行之有效的战术模式。在现代篮球运动实践中，教练员和运动员应当根据篮球运动的竞技特征和规律，正确把握篮球运动的前沿趋势，认真分析自己在运动实践中遇到的各种战术问题，确立正确的篮球战术理念，以更好地指导篮球运动实践。

（2）提出篮球战术模式。战术模式的建立不是一蹴而就的，需要教练员或运动员在认真分析篮球队已经确立的战术指导思想、研究战术的实质与原则的基础上，对所选择的战术打法提出初步的设想，紧密联系本队的技术水平、特长，提出具体的篮球战术模式，并结合实践经验，进行优化组合。

（3）制定篮球战术环节。制定篮球战术环节是篮球战术设计的重要步骤，战术环节是否明确、合理、衔接流畅等直接关系到战术设计的成功与否。因此，必须对篮球战术的各个环节进行细致周密的考虑，如队员位置、队员职责、移动路线、战术阵势、攻击时机、攻守平衡与转换等。

## （二）篮球运动战术运用原理

1. 篮球战术的指导思想

篮球战术的指导思想是篮球战术的重要构成部分，是篮球战术内容的核心和前提。篮球比赛变化多端，树立正确的战术指导思想是科学实施篮球战术的第一步，具体应注意以下两点：

（1）教练员和运动员必须正确地认识与处理篮球技术与战术、篮球战术与谋略、篮球战略与战术、篮球意识与行动等之间的关系，认真分析篮球比赛中各种复杂多变的战术应用形势，在篮球运动规律的指导下，审时度势地采用进攻与防守、区域与盯人、正面与侧面、内线与外线、紧逼与松动、常规与特殊、高度与速度、分散与集中等战术打法捕捉战机，争取主动。

（2）教练员和运动员应注意分析篮球比赛的赛场形势变化，做到从实际出发，分清主要矛盾与次要矛盾，分清主次及其相互关系，明确在一定条件下主次之间的相互转化，针对主要矛盾充分发挥运动员的主观能动性和战术配合优势。

2. 篮球战术的科学实施

篮球战术的实施由开始组织、配合攻击、结束转换三个阶段构成，具体如下：

（1）开始组织。开始组织是指攻守结束后，下一回合的开始阶段的战术实施。主要表现为双方各自转入有组织的进攻或防守阶段，根据各自的战术迅速进入激烈的对抗阶段。

（2）配合攻击。配合攻击是指队员之间相互协同组织攻击或制约对方的行动。篮球进攻战术的目的是投篮得分，篮球防守的目的是争夺控制球权。配合攻击就是结合战术目标，进行战术方法、主攻方向、防守突破、时机捕捉、策应变化等的配合。

（3）结束转换。结束转换是指在完成攻击的同时，顺利转入下一回合的对抗。在篮球运动实践中，抢篮板球是篮球攻守战术方法的重要组成部分，获得球权是攻守转换的重要信号。在战术运用过程中，整个篮球队应注意保持攻守平衡，以便于顺利组织下一次的有效进攻和防守、避免出现措手不及让对方有机可乘的现象。

3. 篮球比赛的战术准备

篮球比赛的战术准备是根据比赛双方的具体情况，有针对性地找出比赛中实施某种战术的方案，赛前战术准备的主要任务和内容包括以下四个方面：

（1）确定方案。确定战术方案是指确定具体的战术打法，必须有周密的调查研究和合理的组织力量。

（2）战术部署。战术部署的主要内容在于确定上场阵容（主力阵容）及替换原则，明确主要的战术打法，提出关键的战术环节和具体的战术实施要求，制定比赛中可能出现的情况的应变战术，明确比赛过程和态势，确保战术可行性和有效性。

（3）调整心态。调整心态是为了激发运动员的比赛动机和竞争精神，使运动员以最佳的心理状态投入比赛。在比赛前，应针对运动员在比赛过程中可能出现的各种心理反应提出适当的调整措施，提高运动员承受各种心理压力的能力。

（4）战术运用。在比赛前，每名运动员都应该明白和坚决贯彻战术指导思想和战略意图，统一思想、统一行动，在强调以整体战术行动为主的前提下，允许个人临场情况的灵活应对和技能发挥。

## 二、篮球战术的基础配合

篮球战术组织形式种类繁多、变化各异。一个队以何种战术形式为主，突出什么样的战术打法和配合，做哪些必要的战术储备，这些都是教练员在训练过程中要解决的问题。球队战术打法形同于运动员的技术，大部分情况是在掌握基本技术的前提下，以某一两项技术为自己的特长和重点。一个球队的战术打法更是如此，在以一整套攻守战术体系为主的前提下一般只是做局部的调整。一个球队需要设计一整套攻、守战术，并迅速转化为全队的战斗力，而且要根据比赛中的情况变化做出符合实际状况的战术调整。解决比赛中的问题是战术的核心。

在篮球比赛过程中，攻、守双方在某一区域内，在两三名队员间有目的、有组织地进行联合行动而形成的一定的攻、守合作方法称为基础配合。它包括进攻和防守两个部分：进攻基础配合是为了创造攻击机会，合理地运用进攻技术而组成的配合方法，通常有传切配合、掩护配合、策应配合、突分配合四种形式；防守基础配合则是为了破坏对方的进攻配合，或当同伴防守出现漏洞时，及时地给予协助，相互合作共同完成防守任务的配合方法，通常的配合形式有交换防守、关门配合、挤过配合、夹击配合、补防配合等。

“现代篮球比赛中攻防对抗激烈，身体接触非常多。篮球运动员的身体条件越来越好，个人防守能力越来越强，而且各队都很重视防守，要求篮球运动员不仅要有良好的个人技术能力，而且要有协同作战的配合意识。”① 基础配合在篮球比赛中具有十分重要的作用。

第一，它是组成全队攻守战术的基础。在比赛中，双方为了在攻、守对抗中达到制约和战胜对方的目的，都要采用各种不同形式的战术，而这些全队攻守战术就是由一系列不同形式的基础配合的集合来共同构建的，如果把全队战术比喻成一张网的话，基础配合就是这张网上的各个节点。

第二，基础配合是技术与战术相互联系的纽带，是运用技术的基本组织形成。在比赛中，各种单个技术和组合技术的运用都是以基础配合的形成来体现的，它不单是应用各种攻守技术的基本形式，同时还能把各种攻防技术有机地组合起来。

基础配合中除表现形式外，配合时机和完成配合时的技巧是影响配合质量的重要因素。基础配合训练的目的就是在掌握配合方法的基础上，在对抗中强化配合的意识，提高配合质量，从而达到提高攻防效率的目的。

## （一）进攻战术基础配合

### 1. 突分配合

突分配合是有球队员利用突破技术摆脱防守，当遇到其他防守队员补防造成防守部署打乱时迅速将球传给有利于进攻位置好的同伴的配合。

---

① 谢东伟. 浅析掩护配合在篮球战术中的运用［J］. 体育科技文献通报，2016，24（01）：44.

（1）突分配合的动作要领：有球队员突破防守后，首先考虑个人运球上篮。当发现有防守队员进行补防时，马上观察场上情况，果断将球及时传给进攻位置好的同伴实施攻击。

（2）突分配合的配合要求：①突破前要首先观察场上具体情况，当对方的防守部署利于突破时，要果断实施突破；②突破的动作要突然、快速，在突破过程中，要随时观察场上攻、防双方的变化，既要做好投篮准备，又要考虑遇到补防时的分球；③当进攻队员实施突破时，其他进攻队员要掌握好时机及时跑到有利进攻位置上准备接同伴的球；④突破分球配合要与全队进攻战术结合使用才能发挥最好效果。

（3）突分配合的易犯错误：①只顾突破上篮，当遇到对方补防时球没法传出；②与同伴配合不协调，造成该投篮时不投篮，该传球时不传球的现象；③同伴的配合意识差，没有及时拉空接球，造成突破队员没法传球的局面。

#### 2. 策应配合

策应配合是指内线队员背对或侧对篮筐接球，以他为中枢，与外线队员的空切相配合而形成的一种里应外合的配合。

（1）策应配合的动作要领：策应队员先抢占有利位置，接球后两脚开立，屈膝，上体稍前倾，两手持球于腹前，用臂和身体保护球。外围队员利用假动作和策应队员的身体掩护摆脱防守并接策应队员的传球切入篮下进攻。

（2）策应配合的配合要求：①策应者要及时抢位接球；②充分利用手臂、身体、腿部保护好球；③既要利用好自己的攻击机会，又要根据场上具体情况，处理好进攻与传球的关系；④策应完成后要跟进抢篮板球。

（3）策应配合的易犯错误：①抢位不及时，没法占据最有利的位置；②接球后没有充分利用转身、跨步、假动作等技术调整位置与方向，策应手段比较单一；③主次不分，接球只想自己进攻，忘记自己的枢纽策应作用，忘记给同伴创造进攻机会才是策应的主要作用。

### （二）防守战术基础配合

#### 1. 挤过配合

（1）挤过配合的动作要领：当对方掩护队员临近自己的一刹那，积极向前跨出一步，贴近自己防守的对手，并从两个进攻队员之间侧身挤过去，继续防住自己的对手。

（2）挤过配合的配合要求：①防守自己的对手同时要随时观察场上情况，及时发现对方的配合意图；②向前跨步动作要及时、突然、有力；③与同伴要协调防守，尤其是补防。

（3）挤过配合的易犯错误：①视野不宽，只盯着自己防守的对手，没能及时发现对方的掩护队员；②反应及启动速度慢，没能从两个进攻队员之间挤过去。

2. 穿过配合

（1）穿过配合的动作要领：当进攻队员进行掩护时，给同伴做掩护的队员应及时提醒队员并主动后撤一步，让同伴及时从自己和掩护队员之间穿过，继续防住自己的对手。

（2）穿过配合的配合要求：防守掩护的队员要及时提醒同伴并主动让路，两名防守队员之间要相互沟通，形成默契。

（3）穿过配合的易犯错误：两个防守队员之间没有沟通，致使防守中不明确采取何种方法防守，造成配合不协调成漏人现象。

# 第二节　区域联防与进攻区域联防教学训练

## 一、区域联防战术教学训练

“区域联防属于篮球运动诸多防守战术中的一种，这种防守战术主要以防区为主。”①区域联防要求临场的每个队员在防守中要负责一定的区域。在这个区域内，要严密防守进入该区域内的球和进攻队员，并与其余 4 个同伴运用移动补位、换防等配合，构成一种集体的联合防守阵容。防守时队员随着球的移动而移动，5 个队员像被牵动着的网一样协同一致地行动。在不了解对方实力的情况下，采用区域联防战术配合，是一种比较稳妥的防守战术。

### （一）区域联防战术的发展

现代区域联防多采用扩大的防守阵形，一些强队运用的区域联防已扩大了控制区域，并且更具紧逼性、针对性，形成了一项攻击性较强的综合性防守战术。例如，区域联防中的夹击战术已被广泛采用，除内线夹击外，还加强了对外线队员的夹击，即底角夹击和外围中场处的边角夹击。区域联防原有的几种固定形式的防守配合，已不能满足防守的需要，已经有所发展和变化。区域对位联防，就是在区域联防的基础上发展变化而来的。这种联防是采用联防的站位阵形，但在自己的防守区域内又按盯人的要求去进行防守。这种

---

① 韩世昊. 普通高校篮球队区域联防战术的探讨［J］. 运动精品，2019，38（11）：8.

防守适合于对付各种特点的球队，而且往往会使进攻队分不清对方采用的是何种防守战术，而难以组织有效的进攻。

### （二）区域联防战术的注意事项

第一，由于区域联防战术的不断发展，对防守队员的脚步移动、抢断球、“盖帽”、抢过等个人的防守技术提出了更高的要求，为此，必须狠下功夫加强队员防守技术的基本功。

第二，临场队员要通过积极的移动、断球、打球以及队员之间的协同防守、补位、“关门”、夹击等配合，来达到破坏对方进攻投篮的目的。

第三，临场队员从本队失球开始，就要立即组织全场有计划地防守和退守。在前场失球后，靠近持球队员的防守队员应立即上前干扰、封堵其一传，防其快攻；其他队员在注意卡两边的同时，尽快退回后场争取稳定防守。

第四，队员退回后场后，要根据对方进攻的阵形，摆好本队相适应的防守阵形。防守中对无球区可远一些、放松一些，对有球区则应近一些和严密防守。应利用换防、补防等配合打破对方以多打少的战术。

第五，对方的球转移到底角时，防守队员要侧重防守底线，严禁对方沿底线突破。若对方已经突破，则要阻挡其向外分球，封堵传球角度，迫使其传高吊球，给同伴造成断球的机会。

第六，当遇到对方进行“背插”时，防守队员应先堵截，后护送，以切断其接球路线。

第七，对方居中策应时，防守队员要采用侧前或绕前防守，卡断其接球路线，迫使对方在外围转移球进攻。

### （三）区域联防的防守阵形

第一，“2—3”联防。此联防阵形用来对付外围中投命中率不高，但篮下和两角攻击能力较强的球队较为有效。此联防阵形对于加强本队篮下的防守力量以及有效地控制篮板球也较为有利。

第二，“2—1—2”联防。此防守阵形用来对付内线攻击力强，但不善于两翼进攻，以及外围投篮命中率不高的球队较为有效。

第三，“3—2”联防。此防守阵形用来对付中远距离投篮较准，但篮下攻击力量较弱的球队较为有效。

第四，“1—3—1”联防。此防守阵形用来对付外围、中间及两翼投篮较准的球队较为有效，但本队防底线的力量弱，要严密注意对方溜底线。

## 二、进攻区域联防战术教学训练

### （一）进攻区域联防战术的要求

第一，进攻区域联防有效的方法就是争取打快攻，使防守者形不成联防的阵势。

第二，当对方形成联防阵势时，应根据其防守队形，采取插空落位的进攻队形。

第三，进攻时应运用快速的传球，调动防守，创造进攻机会。

第四，进攻时，运用各种配合或穿插移动，打乱对方的队形，造成局部的以多打少，创造投篮机会。

第五，准确的中、远距离投篮是破联防的有效方法，应利用防区的薄弱地区和创造出来的投篮机会，大胆果断地进行中、远距离投篮。

第六，把争夺前场篮板球组织到进攻战术中，争取二次进攻机会，同时还应注意保持攻守平衡。

### （二）进攻区域联防的防守阵形

进攻区域联防的防守阵形有 4 种：“1—3—1”“2—1—2”“2—3”“1—2—2”。

### （三）进攻区域联防战术的方法

第一，“声东击西”进攻法：偏于一侧传球，把防守队的防守力量和注意力集中到有球一侧时，突然将球吊传给另一侧的队员投篮。

第二，大穿插移动进攻法：传球后，进行对角大穿插移动，打乱对方的防守阵势并形成局部的以多打少，或移动过程中利用掩护创造攻击机会。

第三，溜底线进攻法：溜底线的目的也是在底线打乱对方防守的阵势，使对方在护送、交换等防守配合中出现漏洞而在篮下攻击。或利用溜底线创造中、远投篮机会，或利用溜底线拉空篮下一带和底角一带为同伴创造攻击机会。

第四，投、抢进攻法：破联防最好的方法之一就是投篮要准确，中、远距离投篮准时，对方就不敢守联防。所以外线队员有篮，就要大胆投，而投篮后要组织冲抢篮板球。有的队外线虽然投篮不太准，由于内线抢篮板球有保证，所以也敢在外线大胆投篮。采用投、抢方法破对方的联防。

# 第三节　固定战术进攻配合与混合防守教学训练

## 一、固定战术进攻配合教学训练

固定战术进攻配合主要在掷界外球、跳球、罚球、最后几秒钟时运用。随着现代篮球运动比赛攻、守对抗争夺的激烈，往往在比赛的最后几秒钟尚不能分辨胜负高低。因此，合理地组织固定战术进攻、设计战术，可以保证本方技术的发挥。篮球运动是集体项目，要运用集体的力量为个人技术的发挥创造机会。但是如果战术组织得不合理，不仅会限制队员技术的发挥，而且还将影响队员的技术和战术意识向更高水平发展。所以，加强各种由守转攻时机的固定战术配合训练，并有针对性地合理而熟练地运用战术，对掌握比赛的主动，扭转比赛的局势将会起到积极的作用。

### （一）固定战术进攻配合原则

第一，战术结构要简单，配合的战术行动路线要短，参与直接攻击配合的人数要精干（一般为 2~3 人）。

第二，队员部署要有利于就近组织和转入防守。

第三，掩护、传切、策应相结合，避免单打独斗，以争取时间捕捉战机。

第四，组织最有攻击力的队员结束进攻，同时要注意第一攻击手失利后的机动变化，以及提高配合的机动性。

第五，注意把进攻固定战术配合与常规配合打法有机地结合，以使配合保持连续性和实效性。

第六，组织配合时要充分发挥全队的整体特点和队员个人的特长。

### （二）固定战术进攻配合方法

第一，跳球时固定战术进攻配合：跳球时的固定战术配合。跳球配合用于比赛开局，他往往是打好开局先发制人的重要战术手段。特别当本队跳球队员占有优势时，熟练地运用固定战术配合发动进攻，对顺利地打好开局、争取比赛的主动，起到了积极作用。

第二，前场发边线球的固定战术进攻配合。前场边线球的固定战术配合，可分为进攻人盯人和进攻区域联防两种配合形式。以发球地点来分，又可分为掷边线球和掷端线球两种。由于现代篮球比赛中防守能力的普遍提高，迫使进攻队在一次进攻回合中往往要组织几次进攻才能奏效，这无疑增加了发界外球的机会。因此有针对性地加强发前场界外球固定战术配合的训练，提高运用的能力和成功率，对争取每次进攻回合中的主动性，有着重要的战略意义。

第三，最后几秒钟的固定战术进攻配合。现代篮球比赛的胜负往往在最后几秒钟才能决定。当本队处于比分落后一两分的时候，有组织地抓住瞬时的进攻时机，组织有效的固定战术配合更是至关重要。所以许多教练员十分重视 30 秒乃至 3 秒或 1 秒钟的固定打法的训练。

## 二、混合防守教学训练

现代篮球比赛中，世界强队往往都拥有自己的明星球员，这些明星球员在比赛中发挥着无与伦比的作用，绝招频频使出。如何有效地遏制对方明星球员进攻技术的发挥，是关系到防守能否成功的关键。为此，在很多重大比赛的关键场次中，经常出现一个队有一部分队员打人盯人防守，而另一部分队员打区域联防；或一部分队员打全场人盯人紧逼，而另一部分人却打全场区域联防，这就是混合型防守战术。它经常可以用来迷惑对手，使其措手不及，且由于辨不清防守的阵势而陷入盲目进攻状态。

### （一）混合防守的作用

第一，破坏对手固定的战术进攻配合。

第二，减少对方优秀控球手控球的时间。

第三，迫使对手仓促出手或投出质量不高的球，这样能降低对手投篮的命中率。

第四，创造更多的由守转攻的机会。

### （二）混合防守的方法

混合防守战术要做到重点突出、分工明确、任务具体，要最大限度地调动全队集体力量来保证重点任务的完成。同时，全队要团结一致，为一个统一的目标而共同努力，并发挥个人的防守优势来弥补本队防守的薄弱环节，争得比赛的主动权。由于混合防守的针对性强且富于变化，故能迫使对手改变习惯打法，使对手的进攻失去立足点而陷于被动。混合防守战术一般在对方只有一名或很少几名投篮手以及关键人物时运用。

# 第四节　半场人盯人防守与进攻半场人盯人教学训练

## 一、半场人盯人防守教学训练

### （一）半场人盯人防守的特点

在各种水平和各种级别的篮球比赛中，从各种防守战术形式运用情况来看，半场人盯人防守战术是一种运用时间最多、最普遍、最广泛的战术。

半场人盯人是由攻转守时，放弃前场的防守，全队迅速退到中场，然后在中场找到自己应防守的对手后，运用领防的方法跟随对手移动到所打位置上进行防守，并根据全队防守策略和防守战术，组成集体协防的战术方法。

半场人盯人防守的特点如下：

第一，防守队员在后场，一人盯防一名进攻队员。在防守自己对手的同时，帮助同伴防守（协防）。

第二，一人防守一个人，分工明确，容易理解，便于掌握。

第三，可按技术差异、身高差异、队员的个人特点，有针对性地选择防守对手，有效地制约对方。

第四，针对进攻队的具体情况和特点，可机动灵活地改变防守区域。

### （二）运用半场人盯人防守战术的要求

第一，贯彻“以球为主，人、球、区兼顾”的防守原则。防守时，对有球者紧逼，近球区紧防，远球区协防。

第二，重点防守主攻方向和攻击点。时刻观察判断对方的意图，控制对方的移动方向（包括人和球），尽快掌握对方进攻战术的打法和进攻特点。

第三，每名队员首先应盯住自己的对手，对持球队员做到防投篮，防传球，防运球，防突破。对无球队员做到“二抢一卡一协防”。要尽快了解掌握对手进攻的特点和弱点，予以制约。

第四，当进攻队员运用各种配合时，防守队员要有良好的默契，互相呼应，互相补防。

第五，严密控制腹地和威胁较大的地区，决不允许对方轻易进入或通过限制区。

第六，积极拼抢篮板球，首先要挡人，建立每投必挡、每投必抢的意识。

## （三）半场缩小人盯人防守

### 1. 半场缩小人盯人防守的特点

（1）防区较小，一般为6~7米。目的是为了控制对方篮下进攻和外线的突破，控制篮板球，然后进攻反击。

（2）防守的重点在内线，一般不错位防守，适当让外围传球。

（3）每名队员主要防住自己的对手。

（4）全队首先要注意对持球者的控制，并且组织好集体防守。

（5）每名队员在防守中要注意观察分析对方的特点，及早识破对手进攻的特点，以及配合方法等，采取相应的防守对策，争取主动。

### 2. 半场缩小人盯人防守运用的时机

（1）对方外围投篮不太准时。

（2）篮下攻击力量较强时。

（3）本队犯规较多时。

### 3. 半场缩小人盯人防守的方法

（1）防守持球者。防守持球者采用平步防守的步法，并以防突破为主（对方外围投篮不太准时运用该防守策略）。

第一，防外围持球者。主要防对方突破，适当地放对方投篮（但不是不防投，而是有目的、有重点地让对方投篮），积极干扰外围队员向内线队员传球。

第二，防前锋持球者。积极卡堵对方向底线突破，因此，应将底线一侧堵死。对投篮准的前锋队员防守距离要适当近些，不给其投篮机会。对靠近内中锋一侧的前锋，要积极干扰其投篮和给内中锋传球，最好是让其将球传到外围。

第三，防中锋持球者。最好是不让中锋接到球，一旦获球，马上贴近，手高举，干扰封盖中锋投篮，并加强一侧防守，而另一侧让防前锋或相距近的外围队员协防。

（2）防不持球队员。

第一，近球区。要向有球侧靠近，注意协同“关门”。对持球者处于“一个半人”的防守之中。对高中锋有时可采用围守的方法，并注意防掩护。

第二，远球区。注意保护篮下和限制区，同时，卡堵自己所防的对手空切或向篮下切入以及掩护。

（3）全队防守。根据对方的进攻特点，加强重点区、重点人和重点得分方式以及配合进行针对性的防守。当对方进攻策略改变时，也要及时改变本队的防守策略，掌握防守的主动权，并将拼抢篮板球组织到防守战术中。

### （四）半场扩大人盯人防守

1. 半场扩大人盯人防守的特点

（1）防区较大，一般在8~10米防守，甚至更大的范围。

（2）由于在半场内紧逼自己的对手，所以能破坏对方的习惯打法。

（3）给进攻队设下重重障碍，从而打乱了对方的进攻部署。

（4）防守时，积极组织夹击、抢断，可造成对方失误或违例。

2. 半场扩大人盯人防守的运用时机

（1）对方中、远距离投篮较准时。

（2）内线攻击力相对较弱时。

（3）对方比赛经验不足、或外围队员控制球能力不强、或传球技术较差时。

（4）试探对方战术打法或攻击重点以及队员特长时。

3. 半场扩大人盯人防守的方法

（1）退守时就应迅速找到自己的对手，保持一定的距离待他过中场进入防区，则立即做紧逼防守。

（2）防持球队员。控制其速度，防止其运球直接突破防区的防线，顶住其向篮下突破路线，使持球队员远离内线队员，远离接球队员。迫使持球队员在远离内线队员和接球队员处停运球或成“死球”，使外线持球队员与内线持球队员“脱节”，以便造成对方违例或传、接球失误。

防前锋持球队员时应紧逼他，特别是对与中锋落在一侧的持球前锋，坚决不让他将球传到中锋手中。卡堵其向底线一侧的运球和突破，最好让他将球向外围一侧传出或向远球侧传出，以便造成断球机会。

防中锋持球队员也应卡堵其底线一侧，不让其从底线转身和突破，迫使其向上线转身或运球突破，这时外线队员应夹击、协防，并抢打中锋手中的球和运拍的球。中锋投篮时，防守队员手臂高举，并跳起封盖。

（3）防不持球队员。

第一，近球区。采用内侧脚在前的错位防守，不让近球区队员接球（迫使持球队员向远球区传球而造成断球机会）。并注意防对方向篮下反跑。如果对方空切时，先卡堵空切路线，之后让其走远离球的一侧。

第二，远球区。在防对方向篮下空切的同时，注意保护篮下，注意协防和补防。注意断对方的远传球。

（4）当对方打掩护和其他配合时，要互相呼应，积极移动，破坏对方配合。

（5）根据对方进攻的特点，加强对对方重点人和重点得分手段以及重点配合方法的防守。

（6）对方投篮时，要挡人拼抢篮板球。

由于半场人盯人防守是篮球比赛中运用最普遍、最广泛的防守战术，所以进攻半场人盯人是每个篮球队必须掌握的基本战术。

进攻半场人盯人战术是根据本队的打法特点、风格特点（根据本队队员的身体条件和队员的技术水平），运用各种掩护、策应、传切和突分配合组成本队的战术方法。

## （五）半场人盯人防守练习

### 1. 半场缩小人盯人防守选位练习

半场五防五，防区在6~7米。球在5个进攻队员手中转移，防守队员根据球的位置，根据“以球为主，球、人、区兼顾”的防守原则，选择自己的防守位置。即：防有球人时，采用紧逼防守，近球区其防守位置应略偏于有球一侧，除防接球、防空切和掩护外，还要注意协助防有球队员。远球区其防守位置应在人球兼顾上，防自己所分工防守的人空切、掩护，还要协防篮下一带。当进攻队采用下列落位队形时，防守队可采用以下的防守方法：

（1）半场五对五缩小人盯人防守练习。半场五防五，防守区域在6~7米，按半场人盯人防守原则和方法防守。成功3~5次（防守成功指：抢断球成功，造成对方传、接球失误，违例，抢到后场篮板球等），然后攻、守交换。也可规定抢断球成功若干次或连续防守成功若干次后攻守交换。

目的是结合实战掌握半场人盯人防守的方法，提高个人和全队的防守能力。

半场五对五缩小人盯人防守练习的要求：①按半场缩小人盯人的方法和原则进行防守；②根据本队防守指导思想，本队防守的特点和进攻的特点，提出具体的要求；③在规定的防守次数或规定的练习时间内，要求一定的防守成功次数，以利提高防守质量和防守能力。

（2）由攻转守的半场缩小人盯人练习。由半场进攻开始，教练员向篮板上抛球，由原防守队员抢到后场篮板球，离其近的原进攻队员立即由攻转守对其一传，其他队员立即退回中线，在中线附近找到自己所分工防守的队员，迎上去进行防守并与其保持一定的距离，一旦进入半场缩小人盯人防区，立即进行盯人防守，并根据防守的位置和球的位置，按照“以球为主，球、人、区兼顾”的原则进行防守。每队防守若干次后，攻、守交换。

目的是掌握由攻转守时，“中场领防”的半场人盯人防守方法。

由攻转守的半场缩小人盯人练习的要求：①由攻转守时，除一人封堵一传外，其他人快速退守到中场找人，然后领防到人盯人防区进行防守；②按人盯人的原则防守。积极移动、选位，破坏对方战术配合，争夺球权并积极挡人拼抢后场篮板球。

2. 半场五防五扩大人盯人防守选位练习

（1）半场扩大人盯人各位置防守方法的练习。半场五防五，防区控制在 8~10 米。球在 5 名进攻队员手中转移，防守队员根据扩大人盯人防守的方法和要求，根据“以球为主，球、人、区兼顾”的防守原则，选择自己的防守位置。即对持球人紧逼防守，在边角地区对持球队员夹击。近球区采用错位防守，远球区在防空切、掩护的同时，进行协防、加强篮下的防守。一旦对方投篮，立即挡人抢篮板球。

目的是学习掌握扩大人盯人防守时选位方法和防守方法。

半场扩大人盯人各位置防守方法的练习的要求：①根据半场扩大人盯人防守的方法和原则，以及本队防守的策略进行防守。②开始练习时，进攻队每次接球后，应做传球和突破等假动作，以便协助防守队员掌握选位和防守的方法。熟练后可结合实战以及结合穿插掩护移动，进一步提高防守队员的防守能力和全队的防守能力。③防守队员熟悉半场扩大盯人防守的方法后，在练习中，要积极移动、抢位，注意边角地区的夹防、协防，逐渐形成本队的防守特点。

（2）半场五防五扩大人盯人防守练习。半场五防五。防守区域为 8~10 米。按扩大人盯人防守方法和原则防守。防守成功 3~5 次后，攻守交换。或者连续防守成功若干次或规定抢断球成功若干次，攻守交换。

目的是进一步掌握半场扩大人盯人防守的方法、提高个人和全队的防守能力，进而形成本队的防守特点。

半场五防五扩大人盯人防守练习的要求：①按半场扩大人盯人防守的原则和方法进行防守；②根据本队的防守指导思想和特点，提出具体要求和每个人的防守职责、要求；③在规定的防守次数内或规定的时间内，要求一定的防守成功次数，以利提高个人和全队的防守质量和防守能力。

（3）由攻转守时的半场扩大人盯人练习。由半场五对五开始，当原防守队获球权后，原进攻队立即由攻转守。按盯人分工，快速找到自己所防的人，然后随其移动，将对方领防进入前场。一旦进入半场扩大人盯人防区时，立即进行人盯人防守，并根据各个防守位置和球的位置，按照扩大人盯人防守的原则和方法，以及本队的要求进行防守。另一种方法是由攻转守时，除一人封堵一传外，其他队员迅速回到中场找人，然后随其移动，一旦进入扩大人盯人防区，立即进行紧逼防守。每组防守若干次或防守成功若干次后，攻守交换。

目的是学习掌握由攻转守时，“全场领防”和“中场领防”找人的半场扩大人盯人防守方法。并进一步熟练其防守方法。

由攻转守时的半场扩大人盯人练习的要求：①由攻转守时按“全场领防”和“中场领防”的方法快速找人。找人快，进入防区防守快；②按扩大人盯人的原则和方法，积极移动防守；③提出防守成功的指标要求。

（4）全场五对五教学比赛。全场五对五教学比赛。目的是进一步提高半场扩大人盯人的防守能力，形成全队的特点。

全场五对五教学比赛的要求：①全队防守思想统一、个人防守任务明确；②防守移动积极，攻、守转化迅速；③对完不成防守任务和指标者要有一定的惩罚措施，以促进防守能力的提高。

### （六）攻守半场人盯人在练习中的注意要点

第一，讲解清楚完整的战术方法，落位队形、战术的发动、移动路线、攻击机会、战术变化和抢篮板球的组织。以及明确战术原则。防守也是如此，让每名队员都清楚完整的打法。

第二，练习中，对全队提出具体要求，对每名队员提出具体的职责要求。随着全队和个人水平的提高，不断地提出新的要求和指标要求，以便提高队员的积极性和自觉性，提高教学训练质量和效果。

第三，练习时，根据队员的水平，先在无对抗情况下或消极对抗下进行，直至积极对抗和实战情况下，提高攻守能力，并形成特点。

第四，注意结合实战，进行针对性训练，提高攻、守战术的实用性和实效性。

第五，要精炼地掌握几种战术方法，多掌握几种，以备比赛中根据不同的对手和不同的特点而及时应变。

第六，根据当前篮球运动发展的特点和趋势，在攻、守战术的组织和设计上要符合当前的特点和发展趋势。还要根据本队队员的特点组织和设计战术或提出战术原则，最大限度地发挥每名队员的潜能和全队的潜能。

## 二、进攻半场人盯人教学训练

### （一）进攻半场人盯人战术的基本原则

第一，合理选择进攻队形，利用基础配合组成全队战术，要在移动中完成配合，有目的地不断换位，注意战术配合的连续性、机动性、灵活性。

第二，组织战术应考虑内线与外线相结合，正面进攻与两侧进攻相结合。投篮应有近投、中投和远投三个层次的纵深攻击区。攻击区要大，攻击点要多。主攻点明确，并根据防守情况，机动灵活处理。

第三，注重速度，讲究节奏。快、慢，动、静相结合。

第四，积极组织冲抢篮板球，明确投篮后冲抢篮板球的配合。

第五，保持攻守平衡的队形。攻守转换速度要快。

第六，单一的战术在比赛中容易被击破，所以应多准备几套不同特点的战术，以备应变，灵活运用。

### （二）进攻半场人盯人战术方法

进攻战术方法是由掩护、传切、策应、突破分球这四种基础配合组成了千变万化的各种各样进攻战术。而进攻半场人盯人战术方法是篮球战术中种类最多、变化最多的战术。但根据它们的特点可分为以下进攻方法：

第一，通过中锋进攻法。通过中锋进攻法是先把球传给中锋队员，然后通过中锋组织战术配合的方法。通过中锋进攻法分单中锋和双中锋。①单中锋进攻法有“2-3”“2-2-1”和“2-1-2”队形。单中锋进攻时，一般是进攻队比较灵活，速度快，善于打空切和突破。②双中锋进攻法有“1-3-1”“1-2-2”和“1-4”落位队形。双中锋落位一般是一内一外，或落在两个内中锋位置上。双中锋进攻法中，本队中锋力量较强。如果有一个中锋落外中锋位置时，说明该队员策应能力较强，本队善于打策应配合或两个中锋之间的配合。

第二，外线“8”字运球掩护进攻法。外线“8”字运球掩护进攻法一般运用在对方半场扩大人盯人防守时，其目的有二，一是压缩防区，二是抓住时机突破上篮或将球传给空切到篮下的同伴上篮。

第三，底线“8”字掩护进攻法。底线“8”字掩护进攻法一般用在底线攻击能力比较强的队。底线落位 3 名队员。这 3 名队员可以是两个前锋，一名内中锋。也可以是一名前锋，两名内中锋。3 名队员在底线穿插掩护，其移动轨迹呈“8”字形，故称底线“8”字掩护进攻法。

第四，综合进攻法。综合进攻法可运用在缩小防守或扩大防守时。根据对方的防守特点和具体情况，运用时机动灵活。综合进攻法是比赛中运用最多的方法。

第五，移动进攻法。移动进攻是在固定战术套路打法的基础上而产生的。固定战术路线和固定队员位置的打法容易被防守制约，已不适应当代篮球运动的发展，故产生了移动进攻。移动进攻的要点是：①移动进攻的基础是 5 名队员连续移动，从而使队员经常处于不同的位置。它要求进攻者根据防守情况和本身所处的位置，选择合理的进攻方式。②教练员对场上移动控制得愈多，就愈接近以前那种固定进攻法。因为移动没有事先预定的计划，所以就很难被对方识破。其最大的优点是任何时候队员都处于进攻状态之中，各自发挥自己的作用。③过去的固定进攻法，通常是两名队员最多三名队员之间的配合，这就给无球侧的防守队员提供了帮助，当配合没有取得投篮机会时，就必须重新组织进攻，也就给防守队带来了重新组织防守的机会。

移动进攻法是按一定的原则进行进攻的。其原则由各队自己定。根据本队的特点和对手的特点，制定出本队的进攻原则。不管各队怎么定自己的原则，但总的要求是：①多传球、少运球，尽量少停球；②传球后立即空切或去给同伴做掩护，不准原地站立不动。

## 第五节　全场紧逼人盯人防守与进攻全场紧逼人盯人教学训练

在现代篮球比赛中，全场紧逼人盯人防守是最具“杀伤力”和“破坏力”的战术之一，也是使用较为普遍的防守方法之一。为了扩大战果，或是反败为胜，世界强队均采用这种防守方法。全场紧逼虽然是有一定的“杀伤力”，但在使用中会增加对抗强度，增加犯规次数，消耗更多的体力，因此在训练中要更加注意防守的技术和加大训练强度及运动量。

### 一、全场紧逼人盯人防守战术教学训练

全场紧逼人盯人防守，要求临场的每一个防守队员，从自己的前场开始就要对对手进行紧逼防守，对进攻队员采用堵截、夹击、换防、抢断等防守配合，达到延误或破坏对手有计划、有组织地进攻投篮的目的。

根据进攻队在前场、中场、后场进攻战术的不同，全场紧逼人盯人防守须采取相应的不同战术配合。在教学训练安排上先教前场紧逼，再教中场紧逼和后场紧逼，最后进行完整的训练。

#### （一）全场紧逼人盯人防守方法

全场紧逼人盯人防守是在全场范围内与对手展开争夺。一般分为前场、中场和后场 3 个区域进行防守。在前场，对方掷界外球时，一般采用一对一紧逼、夹击接球者或机动夹击等紧逼方法。对方抢到后场篮板球时，一般采用就近找人的方法，尤其紧逼抢到篮板球

的队员和接应队员。在中场，防守控制对方进攻速度，迫使持球队员按防守意图向边线运球、传球或在中线边角处停球，以便夹击和抢断，使对手在慌乱中失误或违例。在后场，一般应继续扩大防守，对持球队员积极堵运、封传，组织夹击，其他队员要大胆错位和补位防守，防止进攻队员穿插到篮下接球，并伺机抢断，组织反击。

1. 在前场时紧逼人盯人防守

在前场时紧逼人盯人防守，包括以下三种情况：

（1）对方抢到篮板球时。对方抢到篮板球时，攻守位置发生变化。为了尽快找到防守对手，则须打破固定盯人的界限，采用离谁近就防谁的方法。尤其是离持球队员近的队员，必须迅速逼近持球队员，封堵第一传和不让其运球突破，破坏其快攻配合或延误其打快攻的速度。其他防守队员要堵截对方的接应队员，并卡好两边，截断其长传球路线。

（2）跳球时或球被抢断且对方获球时。跳球时或球被抢断且对方获球时，其防守配合与对方抢到篮板球时的防守配合大致相同。唯一不同的是当在中场跳球时，对方采用快攻战术，其投篮成功的可能性最大。这时防守队的后卫队员一定要抢占内线位置，不让对方队员顺利进入限制区内投篮。尤其是球进入前场靠近限制区时，更要加强与对手抗争，抢先占据对手的有利位置，迫使对手没有机会进入限制区内投篮。

（3）对方掷界外球时。当对方掷界外球时，防守队员一般可放弃对掷界外球队员的防守。也就是说，防守掷界外球队员的队员在场内与同伴一起夹击接应第一传的进攻对手。若夹击没有成功，其对手已接到界外的第一传，则再回过头来防守那个掷界外球的对手。其他防守队员要抢占有利位置，伺机断球。

2. 在中场时紧逼人盯人防守

在中场时紧逼人盯人防守，包括以下三种情况：

（1）对方进行突破时。对方进行突破时，此时进攻队的第一传已经成功，接应第一传的队员往往是控制球和突破能力较强的队员，防守他的队员一定要加强脚步移动，努力保持正确的防守位置，力求不让其突破，迫使其向边线运球。一旦其运球至近边角外，就近的防守队员可大胆地上前与同伴进行夹击，迫使对手停球。若对手已运球突破，则就近的队员要及时进行补防，防其传球或投篮。其他队员也要及时地依次进行换防。

（2）对方掩护时。对方采用掩护时，防守队员要尽量采用挤过防守或穿过防守技术来紧盯自己的对手，而不要采用换人的防守配合来防守自己的对手。若对方掩护配合做得比较好，不能挤过或穿过防守时，则防守队员要及时地互相提醒进行换防，不能造成“漏人”，致使对方趁机投篮。

（3）对方策应时。对方策应时，防守队员应了解对方进行策应配合的意图，了解对方的策应区域，之后果断抢前防守，占据其策应位置，阻挠策应队员接球。邻近的防守同伴除了注意防守自己的对手外，还要伺机抢占对手的传球路线，大胆抢断传给策应队员的高吊球。

3. 在后场时紧逼人盯人防守

在后场时紧逼人盯人防守，可按半场人盯人防守战术配合进行练习。

### （二）全场紧逼人盯人防守要点

第一，由攻转守时全队思想统一、行动一致，就近找人，紧逼各自对手。

第二，积极移动，阻挠对手摆脱、接球、运球和投篮。

第三，积极运用夹击、堵截、换防、补防等战术基础配合。

第四，大胆、果断、准确地进行抢、打、断球，获球后快速反击。

第五，快速退守至有威胁的攻击区域。

### （三）全场紧逼人盯人防守练习

目的：培养全场紧逼人盯人防守意识，提高全场紧逼人盯人防守配合和夹击、补防能力。

1. 二防三练习

3 名进攻队员站于篮下，两名防守队员站于罚球线延长线上。在教练员的示意下，防守队员就像防守快攻一样迅速撤回后场。此时可根据情况向进攻队员发出快攻的信号。防守队员要迅速落成前后防守站位，除不允许对方在外线跳投外，尽量迫使进攻队员多传球，并放弃其他攻击行动。此练习也可进行三对三的对抗，但要延迟第三名防守队员行动的时间，这样才能练习中强调防守队员要迫使进攻队员尽可能多地传球，为第三名防守队员快速投入防守创造机会。

当练习两名队员前后落位防守时，教练员要给防守队员足够的时间快下及落位。随技术水平的提高，进攻队员的移动要更加迅速，以此对防守队员的防守能力与反应能力提出更高的要求。

2. 全场三对三紧逼练习

有 3 名进攻队员和 3 名防守队员。练习从防界外球开始，防守队员要尽最大努力对掷端线界外球的队员进行干扰与封阻。落在罚球线外的进攻队员先开始移动摆脱防守，另外一名进攻队员向相反的方向摆脱防守。假如进攻队员进行掩护配合，防守队员必须紧防自己的对手，练习中不允许换防。如果掷界外球成功，防守队员则进行全场紧逼防守，阻止对手向前场运球，并力争抢断对手的传球。练习一直持续到进攻得分或发生控制球权的转换为止，攻防队员相互转换角色并从另一方向开始练习。当他们回到练习的起点时，下一组三对三练习开始。攻、守转换要始终保持高速度、高强度。

3. 三夹一防四的半场对抗练习

三夹一防四的半场对抗练习由 4 名落位于中场线附近的进攻队员呈三角落位，另加一名防守队员（第四名防守队员落位于中圈的另一半圆内），进攻队员要充分利用人数的优势并力争快速投篮得分，防守队员则要适当收缩防止对手突破上篮。练习要强调快速进攻得分的重要意义。第四名防守队员在练习开始时必须先跑到对面罚球线，才能返回协助同伴进行防守。

教练员必须强调对进攻方第一传球施加防守压力，然后进行快速的轮转防守，破坏其后的每一次传球，为第四名队员的回防创造机会。

4. 对进攻队员中线外持球紧逼的练习

5 名进攻队员持球准备进攻，5 名防守队员的进攻时间只有 24 秒，24 秒钟内没有进行投篮，防守队员得 5 分，然后进攻一方继续担任进攻。当在规定时间内投篮时，所有的进攻队员都应积极拼抢篮板球。但是，本练习中防守队员即便控制了篮板球也不允许发动快攻，他们抢获一次篮板球即可得 1 分。若进攻队员投篮命中则得 3 分。无论是攻方投篮得分，还是守方抢到篮板球或球权发生转换，防守一方都要尽快准备掷端线界外球，而进攻队员则马上转入紧逼防守。当新的防守队员断球成功、逼发端线球成功或在球过中线之前球权发生转换，都可得 3 分。当新的进攻一方将球推进过中场线，他们可有 24 秒的进攻时间。得分标准的制定应倾向鼓励防守能力的提高。

练习重点应放在干扰掷端线界外球、控制传球路线与落点以及阻止运球队员向前场运球。进攻队员要有冲抢篮板球的意识，但在篮板球未明确球权之前不得有跑向自己负责的紧逼区域的倾向。

5. 快速进入全场紧逼角色练习

在半场五对五对抗练习中，队员必须按教练员的指挥，在某个时候、向某个地方传球。当球传出后，进攻队员要在原地不动，让防守队员学会如何根据进攻队员的行动迅速地做出判断并及时抢占传球路线。当防守队员已经完全理解了他们的职责与行动时，教练员才能允许进攻队员按自己的意图传球。本练习可以根据队员的技术水平在半速或全速下进行。

教练员可以布置各种掷界外球战术配合，使防守队员掌握各种情况下的防守配合。

## 二、进攻全场紧逼人盯人战术教学训练

进攻全场紧逼人盯人在教学训练安排上先教前场进攻配合（落位阵形），再教中场、后场进攻配合方法，最后过渡到整体进攻配合。

### （一）进攻全场紧逼人盯人方法

根据全场紧逼人盯人防守的特点，进攻全场紧逼人盯人一般分后场、中场和前场3个阶段。在后场，进攻的关键是接应与发球，争取快发球。接应时要有落位阵形，落位阵形是由守转攻时的布阵，一般有两种形式：一是5名队员多集中在后半场，拉空前半场，在后场组织固定配合；二是5名队员分散在全场，迫使防守队员之间拉开距离，使其难于协同防守，进攻时利用防守的薄弱环节各个击破。在中场，可以运用运球突破、传切、策应、掩护等配合向前场推进。在前场。进攻方法同进攻半场紧逼人盯人。

### （二）进攻全场紧逼人盯人要点

第一，当对方紧逼防守时要沉着冷静，抓住攻、守转换时机，迅速组织反击。

第二，持球队员不要盲目运球，不要随便停留在边角，要争取快跑、快传、中路突破防守。

第三，无球队员要积极地移动，快速进行掩护和摆脱，不要与持球队员挤在一起。

第四，进攻队员在场上的位置分布应保持一定的间隔和距离，拉大对方的防区，造成对方协防的困难。

第五，根据本队特点，争取从后场开始组织连续配合，开展进攻，创造突破机会，造成以多打少、以快制胜的局面。

第六，多采用快速传球、短距离传球进行攻击。

### （三）进攻全场紧逼人盯人练习

进攻全场紧逼人盯人练习可以培养破解全场紧逼人盯人防守意识，提高进攻全场紧逼人盯人配合能力。

第一，全队进攻落位练习。进攻队员拉开落位，一名后卫与一名中锋在一侧落位，另一名中锋与一名后卫、一名前锋形成三角落位。5名进攻队员的位置形成良好的配合空间。5名进攻队员拉开空间落位，但还要注意互相呼应与配合。要让队员始终保持良好的进攻空间，因为这样可使对方防守范围扩大，为内线队员进攻创造更大的空间。某些球队往往采用多人围守球战术，如果能让他们离开球，就能打败他们。对付人盯人防守的方法

就是让协防队员离开持球人。

第二，结合全场的五对五对抗教学比赛。此练习在教练员指导下，有组织、有针对性地进行。及时对出现的问题进行分析和纠正，不断提高队员的战术意识和战术配合能力。重点组织对某种典型战术配合方法进行分析、讲解和练习，结合已学的各种进攻战术配合，有目的、有步骤地进行练习，突出重点，抓住疑难环节，主要是在“摆脱”对手上下功夫，不断培养队员积极主动、勇猛顽强的战术作风，使进攻人盯人战术取得一定成效。

# 第五章　高校篮球身心素质训练

## 第一节　篮球专项力量训练

“在篮球专项体能训练当中，力量素质训练是基础，也是人最基本的身体素质，也就是说作为一名篮球运动员需要具有强大的爆发力，这种爆发力不仅要体现在强大的下肢力量，还要具备一定的上肢快速力量和腰背肌的爆发性力量，才能在激烈的比赛中及时调动身体完成一系列高难度的动作，才能在面对对手时做出及时的应对措施，这些都需要运动员全身各个部位的力量配合才能完美展现的。”①

### 一、篮球专项力量训练的原则

#### （一）专门性原则

专门性原则指的是运动员应当按照特殊技术特征来安排自己的特殊肌力训练，也就是说，比赛动作应用的相应肌肉群体应当要承担一定的负荷。训练人员要对比赛动作的阻力加以对抗，按照竞赛动作的要求来调整自己训练的速度和力度。在练习过程中，要保证神经肌肉工作的方式等同于比赛的动作，包括静态工作、让步和克制等。训练的重复次数应当尽可能适应于比赛动作的频率。训练的内部条件要符合比赛动作。篮球所要讨论的重要内容是疲劳时刻依然能够持续比赛的能力，还要对参赛人员的心理需求加以考虑。

#### （二）大负荷原则

大负荷的状态是指肌肉力量最大限度发挥时，肌肉需要面对足够大的阻力，这种阻力应尽可能接近肌肉能承受范围内的最高值，甚至超过最高值。这一原则应用了身体生理机制的理论，人体肌肉中包含有不同兴奋程度的运动单元，在面对较小的阻力时，运动单位中只有较高兴奋程度的单位能被中枢调动，而阻力变大时，越来越多的运动单位参与收缩。直到阻力能够刺激中枢神经系统时，运动中枢能够将更多的运动单位调动起来共同收

---

① 陈生萍. 篮球专项体能训练方法的研究［J］. 体育世界（学术版），2019（11）：102.

缩，此时肌肉能够表现出很大的张力。

### （三）渐增负荷原则

渐增负荷原理指的是在力量训练时，肌肉受的阻力随着训练水平的提升而增加，以此来推动肌肉极限力量的持续提升。若在训练时用 8R 量的负荷（R 量表示最高可重复次数），8R 的负荷在功率逐步增加的同时达到 8 次以上的重复量，甚至达到 12 次时，则应该增加负荷，直到负荷增加所带来的重复次数又达到 8R 量为止。但对于力量较弱或者较低训练水平的人员，可以应用 10R 的负荷量，应用的训练标准为 15R；若想增加绝对力量，则可应用 1R 的负荷量与 5R 量的训练标准。

## 二、篮球专项力量训练的方法

### （一）篮球动作力量的训练方法

负荷、手段、组织、调节和时间间隔等都是力量训练方法的构成部分。训练方法有多样化的种类，按照篮球运动员力量训练的目标，可以分为以下四种训练方法：

#### 1. 最大力量训练法

肌肉生理横截面的提升与发育、肌肉和肌肉协调能力的提升能够决定最大力量的提升范围。所以，可以应用内部协调训练法和结构训练法。在使用的力量达到最大的同时，可以应用能够将肌肉体积增加的结构训练方法。当然，要根据各种训练阶段及个人情况来制订计划，必须要重视肌肉协调训练。

#### 2. 快速力量训练法

快速力量的综合特征内包括力量与速度双要素，通常应用于肌肉收缩速度和肌肉力量的提升训练中，以此来提高运动员的快速力量。其中，要想将快速力量提升起来，就必须要提升运动员的肌力能力，然而，快速力量的提升需要依靠肌肉收缩速度提升的推动。多数的篮球动作都要依靠爆发力来完成。无论在何种情况下，起跳、起跑、投篮等动作都要依靠肌肉收缩速度和肌肉的用力，肌肉在动作中主要的表现在于反应力、爆发力量、启动力量等。

将下肢力量在 150 毫秒的短时间内迅速发挥出来，即为起动力。起动力是以最大力量水平为基本要素的。发展起动力通常会应用的负荷强度为 30%～50%，在此强度下进行 3～6 组，每休息 1～3 分钟进行一组，一组 5～10 次。

爆发力指的是用最大加速度在 150 毫秒内克服一定的阻力。通常提升爆发力的练习应用的负荷标准为：常采用70%~85%的负荷强度，练习3~6组，每组间隔3分钟进行，一组5~6次。身体在运动的过程中，通过肌肉训练来对运动的整体过程进行控制，也会产生一系列反应。肌肉训练刺激本体感受器，身体通过不断调整来达到分数线运动标准，这个过程可以让人体获得更快的反应速度，相应运动能力也能得到提升。所以，篮球运动员通常会通过弹跳反应力练习来提升爆发力。

3. 力量耐力训练法

力量耐力是一种综合性素质，包括了耐力和力量两方面。这种运动能力能够让人在动力或静力性工作中使肌肉保持持续性紧张而又保障工作效果。许多因素都能决定运动员的力量耐力水平，确保供给和消耗氧气的呼吸系统和血液循环系统的机能、工作肌对氧气的有效利用能力、无氧代谢的机能能力。力量耐力依照肌肉工作方式可分为静力性和动力性力量耐力。动力性力量耐力又可分为三种力量，包括快速力量、小力量和最大力量耐力，在不同目标下发展各种力量耐力可以选择不同的负荷特征。

4. 综合力量训练法

在力量训练的基本或维持阶段，在维持或发展不同类型力量水平的过程中应用综合训练方法可以保持过去的训练效果并节省时间，如金字塔训练法，会运用变化频繁的负荷和不同的强度类型。刚开始训练会从中小强度耐力向基础强度和快强度逐渐转换，最后提升至最大强度。所有力量素质的锻炼都是在训练过程中进行的。

### （二）篮球核心力量的训练方法

核心力量训练的对象主要是身体核心区域，包括两个方面，即功能性和稳定性。在核心力量训练中，对于篮球运动员来说最重要的是稳定性训练。运动员通过稳定性训练和功能性训练后，在比赛时更有能力将技术性动作有效完成。通过稳定性训练，选择与篮球运动项目特点相符合的训练活动。以篮球运动员的根本需求为出发点有效地进行训练练习。目的是有效结合力量训练和功能性训练，使运动员的神经肌肉系统功能得以充分发挥，保证比赛过程中篮球技术动作能够顺利进行。

## 第二节 篮球耐力素质训练

耐力素质是指运动员在大强度、长时间的专项运动中抵抗神经、肌肉疲劳的能力。在篮球运动中，耐力素质是运动员必须具备的重要的基础素质。“耐力素质作为人体长时间进行肌肉活动的能力，也是人体抗疲劳的能力。"① 篮球运动员身体素质训练的耐力水平主要取决于：功能系统的机能能力，即氧债和耐乳酸能力；在比赛中有效地利用机能潜力的能力；疲劳情况下的意志品质。

篮球运动员具有良好的耐力素质，有利于比赛中保持旺盛的精力和斗志，保证篮球技术动作的正常发挥。运动训练过程主要克服因肌肉工作引起的体力上的疲劳。

## 一、耐力素质训练的分类

在篮球运动中，耐力素质的提高是影响运动成绩提高的重要因素，一般来说，篮球耐力素质主要有以下分类方法：

### （一）按照器官系统分类

生理学上将耐力素质分为肌肉耐力和心血管耐力两种类型。从供能特征角度进行分类，又可分为有氧耐力、无氧耐力以及有氧和无氧混合耐力。

第一，有氧耐力。有氧耐力是指供给机体的氧气足够充分的情况下，保持较长时间工作的能力。有氧代谢能力主要可分为氧气的吸收、运输和利用的有关机体特性的综合。篮球运动员进行有氧耐力训练的目的在于提高运动机体输送氧气的能力，促进有机体的新陈代谢，为以后的负荷量增加创造有利的条件。

第二，无氧耐力。无氧耐力是指供给机体的氧气不足的情况下，保持较长时间工作的能力。无氧耐力工作是在机体长时间处于供氧不足的状态下进行工作，因此进行无氧耐力训练的主要目的就是提高运动员机体承受氧债的能力。

第三，有氧和无氧混合耐力。有氧和无氧混合耐力是介于无氧供能和有氧供能之间的一种耐力。其特点是持续时间在有氧耐力和无氧耐力之间。

### （二）按照训练学分类

从耐力素质与篮球运动的关系方面进行分类，可分为篮球一般耐力训练和篮球专项耐力训练两种类型。

第一，一般耐力素质训练。一般耐力是指一种多肌群、多系统长时间工作的能力。无论专项特点如何，一般耐力素质的训练都有利于耐力效果的提高。但是，由于一般耐力的综合表现形式有所不同，对篮球运动来说，对一般耐力训练的要求也有所不同。因此，篮

---

① 李振义，朱海华. 对篮球运动员专项耐力素质及训练的探讨［J］. 体育世界（学术版），2008（12）：90.

球运动员应充分将一般耐力和专项耐力相结合进行训练。

第二，专项耐力素质训练。篮球专项耐力是指运动员根据专项的要求和比赛的特点，运动员长时间的、高强度的工作能力。在篮球运动中，有氧代谢状况、能源物质储存以及支撑运动器官对长时间大强度工作的承受能力，决定了篮球运动员的无氧耐力水平。

篮球运动员在发展专项耐力的训练中，需要特别注意专项的总体代谢特点，科学合理地安排训练。发展专项速度耐力训练，一般以发展非乳酸性无氧耐力为主，采用95%左右强度、心率可达180次/分钟的训练方法，重复组数可达5~6组，重复次数比组数少些为宜，如重复3~4次。发展乳酸性无氧耐力时，负荷强度控制在篮球运动员可承受最大强度的85%~95%，心率在160~180次/分钟之间，负荷时间可控制在1~2分钟之间，间歇时间逐渐缩短，如第一次与第二次跑之间的休息为7~8分钟，第二次与第三次跑之间休息为5~6分钟。篮球运动员在进行专项耐力训练时应注意安排长时间专项对抗练习或加大防守和进攻技术训练强度，以提高在疲劳情况下运用技、战术的能力。

## 二、篮球耐力素质训练的要求

篮球专项耐力素质的训练应符合篮球专项总体代谢的特点，科学合理地安排教学训练的内容，选择有效的手段和方法，在提高有氧耐力的基础上着重提高运动员的无氧耐力素质。篮球专项耐力素质的训练安排应遵循以下五点要求：

第一，篮球专项耐力素质以无氧耐力素质为主，应有针对性地安排训练的内容，要根据不同耐力素质的特点，合理地安排练习的负荷强度，练习的重复次数与组数，练习的持续时间及组间的间歇时间。

发展非乳酸无氧耐力的训练，多采用高强度小间歇的练习方法，负荷度达到极限负荷的95%，练习的组数多（5~6组），重复次数少（3~4次），距离短（15—30—50米），并控制间歇时间，以提高ATP及CP的快速分解合成能力。

发展乳酸无氧耐力的训练，多采用负荷强度大（极限负荷的80%~90%），练习的重复次数少（3~4次），组数较多（3~5组）的练习方法，负荷时间控制在1~2分钟，间歇时间采用逐渐缩短的方法。如第一、二次之间间歇6~5分钟，第二、三次之间间歇5~4分钟，第三、四次之间间歇4~3分钟，这样有利于使体内乳酸堆积达到较高值。

第二，篮球专项耐力素质训练的安排中应重视有氧耐力水平的提高。要首先发展运动员的有氧耐力素质，使运动员的有氧耐力素质达到一定的能力水平后，再重点发展无氧耐力。有氧能力训练的安排多采用持续匀速负荷和变速负荷的练习方法。负荷强度一般应控制在接近无氧阈的强度，心率控制在160次/分钟左右。

第三，篮球运动员的专项耐力素质训练应根据训练任务的不同，安排训练计划的内容。在训练准备前期，应以发展有氧耐力素质为主；在训练提高期和赛前阶段应以发展无氧耐力素质为主；在周训练计划中，每周一般只安排 2~3 次强度大或者持续时间较长的大运动量耐力训练。

第四，篮球专项耐力素质训练的安排应与专项技术、战术训练有机结合。应安排长时间专项对抗练习或加大防守和进攻技术训练强度，以提高运动员在疲劳状况下运用技术、战术的能力。

第五，篮球专项耐力训练的安排要充分考虑负荷的指标要求，运动员的营养状况、睡眠休息情况，身体的恢复是否适应新的刺激等因素，避免可能因疲劳而影响其他素质和技术、战术的训练。

### 三、篮球耐力素质训练的方法

第一，不同距离的中长跑、越野跑、爬山等。

第二，连续进行 400 米跑；各种中长距离的变速跑。

第三，长时间的防守脚步练习；快攻练习；利用球场上各种距离做连续的往返折回跑。

第四，连续进行长时间的各种攻守技术练习。

第五，短距离如 30 米、60 米、100 米反复冲刺跑，随着训练水平的提高，每次跑的间歇时间可逐步缩短。

第六，全场反复快速运球上篮；两三人全场反复快攻练习；一对一、二对二、三对三全场攻守或攻守转换练习等。

第七，综合练习。把各种跑、跳、防守脚步动作，投、突、传、运等动作组成的全场综合练习。

## 第三节　篮球速度素质训练

### 一、篮球速度素质训练的种类

篮球速度素质训练中，速度素质的种类可分为三种，即动作速度、反应速度和移动速度，这三种速度素质是相互依存，同时又相互独立的。其中发展动作速度与移动速度的前提是反应速度的提高，动作过程的快慢受动作速度和移动速度的直接影响。

### （一）动作速度

动作速度是指运动员快速完成单个动作或成套动作的能力，如篮球运动员持球突破、防守移动和三步上篮的时间。各环节中枢神经系统的传递速度对动作速度的影响很大，如兴奋冲动强度大，加之传递速度快，协调性好，即指挥的能力强，动作速度必然快。另外，人体各器官系统的准备状态对动作速度的快慢也有一定的关系。

### （二）反应速度

反应速度是指运动员对种种外界刺激（声、光、触等）快速应变的能力，也就是做出反应的潜伏时间。信号通过神经系统传递的时间长短决定了反应速度发挥的效果。这在运动中又称为反应时长，反应时长反应速度慢，反应时短反应速度快。

### （三）移动速度

移动速度是指在单位时间内移动距离长短的能力，它综合体现了三种速度综合运用的能力，而且受一定因素的影响，如力量、耐力、柔韧性以及动作技术的影响。篮球运动员位移的快慢，往往受起跑的快慢（听到哨声后的反应速度）、跑的动作频率、腿部力量、柔韧性、跑的技术以及后程的耐力等多种因素的影响。

篮球运动的这三种速度素质的训练直接影响着技战术的发挥效果。因此篮球运动员在进行移动速度训练时，应充分将三种速度素质的训练结合起来。

## 二、篮球速度素质训练的要求

篮球专项速度的训练应当与比赛时的专项速度素质标准相适应，要合理安排专项速度的训练内容，通过选择有效的方法和手段，使运动员的动作、位移和反应速度得到全面提升。以下是篮球专项速度素质训练的要求：

### （一）对训练内容进行科学安排

动作速度、反应与位移速度的训练是篮球专项速度训练的内容。

第一，提升反应速度的训练：可以通过音视频来作为信号刺激运动员对同一动作进行反复练习；运动员还可以按照信号有选择地进行动作练习，根据不同的信号，可以灵活做出相应的动作；运动员在移动目标的指导下可以迅速做出反应。

第二，提升动作速度的训练：重复练习的动作应当选择类似篮球比赛动作且完成效率较高的动作；运动员在视听信号的刺激下将动作速度不断加快，使动作更熟练；尽可能在练习时提高动作的速度，以突破比赛的时空界限。

第三，提升位移速度的练习：对每个动作进行重复训练，设置强度为85%～100%，时间控制在10分钟以内，重复的强度不应影响到动作的力度，要重视腰腹和腿部的力量训练，以提升运动员的移动速度。

### （二）连接篮球专项技术动作和快速跑步动作

保证运动员能在技术应用的同时维持跑动速度，速度练习里的专项技术设置不应当难度过大，要重点提升速度。

### （三）有针对性进行训练

反应速度的提升练习要紧密结合时空判断能力和观察力的训练。动作速度的提升练习要着重提升肌肉内部与肌群间的协调性、肌肉的可伸展性与可塑性；移动速度的提升练习要注重提升运动员ATP再合成的能力和非乳酸无氧供能能力。

### （四）按照训练任务进行训练

按照训练任务，对速度训练的顺序进行合理安排。专项速度训练在整个训练周期应当尽量靠前；速度素质在各专项素质训练的安排中，应当先于耐力素质和力量素质进行训练，以此来保证运动员在速度练习的过程中保持较好的精神状态和体能。

## 三、篮球速度素质训练的专项方法

篮球运动员不能只采取单一的手段进行速度素质训练，要与其他手段结合起来，比如，发展最大力量、速度力量和完善动作技术（起动、滑步和急停等）结合。根据篮球速度素质训练的分类，有以下训练方法：

### （一）反应速度训练

运动员在反应速度的训练上，可以与篮球相关专项训练集合起来，在进行反应速度训练的同时要注意两个方面：①对各种专项动作能够熟练地掌握，提高人体的积极感知能力，缩短反应时的潜伏期；②缩短各环节的运动时间。尤其是关键环节的反应时间，篮球运动员可采用起动跑、运球起动、追逐球等方法进行速度素质训练。发展反应速度的方法主要有以下方面：

第一，增强完成专项动作的能力，增加技术动作的信息量，提高人体对技术动作的感知能力，培养运动意识，缩短反应时的潜伏期。

第二，运动员根据动作、声音、哨声和口令等突然发出的信号做出及时的反应。

第三，运动员可以进行视觉反应的训练，如对移动目标的训练。运动员看到目标后要做出正确的应答反应。

第四，在练习中通过有意识地增强外部刺激因素，使运动员迅速做出反应。

第五，选择性练习。把几种信号规定好后，发出任何一个信号时，运动员都要做出符合规定的反应。

### （二）动作速度训练

在发展动作速度的训练中，要重点提高关键技术环节的速度。篮球运动员在训练动作速度上要注意：①对单个动作的关键技术和组合动作的衔接上，要反复地加强动作速度的训练；②提高动作频率，可采用缩短规定完成次数的时间，或在规定时间内完成动作的次数。篮球运动员动作速度的发展主要包括以下方面：

第一，减小阻力的训练，如顺风、下坡跑和减轻器械的重量等练习。

第二，在规定的训练时间和空间上提高动作速度，如进行半场训练，在规定的时间内完成规定的数量。

第三，尽量以最快的速度完成专项练习，如小步跑、高抬腿跑和后蹬跑等，或进行一些爆发力的专项练习，这些辅助的练习都有助于提高动作速度。

第四，反复练习单个动作和组合动作的衔接动作，提高动作速度，缩短动作时间。常用的练习方式有快速出手投篮和传球时手指手腕爆发用力。

### （三）移动速度训练

在篮球运动中，影响篮球运动员移动速度的主要因素有运动的频率和技术动作的幅度。因此，应重点抓住运动频率和技术动作幅度的训练。运动频率的训练是在保证一定动作幅度的情况下，通过改进技术，提高素质，在一定时间内尽量多地完成各种动作次数；改进技术动作可以有效地改善动作的幅度，提高肌肉的伸展性、肌肉的力量素质以及关节的灵活性，充分利用运动员的自身条件。发展移动速度的方法主要有以下方面：

第一，10 秒直线往返运球，并完成上篮。

第二，提高步幅的练习，如发展腿部力量的深蹲练习，提高髋、膝、踝、肩关节肌群的柔韧性练习。

第三，提高步频的练习，如快速小步跑、起跑接加速跑、后蹬跑转加速跑、短距离冲刺跑以及下坡跑等。

第四，保持最高速度能力的练习，如采用较大强度的短距离间歇跑及各种快慢相结合的变速跑、反复跑或比赛等。

## 四、篮球速度素质训练的具体方法

篮球专项速度素质训练的主要手段分为各种专门性练习、各种起动跑练习、篮球移动技术中各种跑的练习、结合球的速度练习。

### (一）专门性练习

专门性练习包括小步跑、后踢腿跑、高抬腿跑、左右侧交叉步跑、跨跳步跑结合、加速度跑、跑台阶、上下坡跑和牵引跑等。目的是提高运动员的位移速度。

### (二）起动跑练习

第一，原地或移动中，根据视、听信号突然起动或加速跑（10~30 米）。

第二，各种姿势的起跑（10~30 米），采用蹲踞式、站立式、侧身站立、背向站立等。

第三，起跳落地后立即起动侧身加速跑，以提高运动员的起动反应速度。用各种姿势起跑，各种短距离的往返跑、追逐跑。

第四，篮球移动技术中各种跑的练习：在篮球场上做绕障碍跑、变向跑、侧身跑、后退跑、弧线跑和折线跑等练习，各种防守步法练习。

### (三）结合球的速度练习

第一，队员做跑动中的自抛、自接或向前自掷地滚球的接球、抢球。

第二，全场直线运球跑，变速运球跑，并结合行进间投篮练习。

第三，全速跑接长距离传球上篮。

第四，原地对墙快速传球，两人行进间快速传接球上篮。

第五，中线或三分线外快速行进间跨跳步投篮。

第六，各种距离的快速移动接球投篮（跳投）练习。

第七，全场快攻以多打少（二攻一、三攻二、四攻三），快攻二攻一、三攻二，并结合攻守转换的练习。

# 第四节　篮球灵敏素质训练

世界篮球运动向着积极、快速、灵活、全面、准确的方向发展，对灵活性的要求有其特殊性，这是篮球运动特点决定的。作为对抗性的集体运动，篮球具有复杂多变的特征，因此在对运动员进行训练时要注重提升其专项技术水平，除此之外灵敏性也是篮球运动员的重要素质之一，对运动员进行科学化的专业训练不能忽视灵敏性，灵敏性在赛场上能帮助运动员完成快速位移和动作变化，也有助于提升运动员随机应变的能力。灵敏性能够体现运动员的综合素质，对篮球运动来说非常重要。篮球运动员的灵敏性比简单地获得保持直线速度更为重要，因此，篮球运动要求运动员应具备非常高的灵敏性。

## 一、篮球灵敏素质理论基础与影响因素

灵敏性是一种能力，包括行动和制动，行动即为加速、变向，制动即为急停，对篮球运动员来说，减速、急停以及停止后的再加速，这其间的转换过程是灵敏性的体现，尤其是减速到加速的转换和加减速时的力量爆发和控制力，而这些都建立在速度和耐力的基础上，运动员的速度和耐力决定了其能够达到的灵活度和维持灵活度的程度。

灵敏性贯穿于篮球运动的始终，许多运动员所需的能力都体现了灵敏性特征，如反应要快、转换能力要强、能够快速做出判断、思维要敏捷迅速等，除要具备这些个人能力之外，还要求运动员具有唤醒能力和与其他运动员做技战术配合的能力。这些需要灵敏性的能力需要运动员具备一定的先天条件，同时要进行后天挖掘，不断在技巧方面磨炼发展。

### （一）灵敏素质的生理学、心理学基础

灵敏性与大脑皮质神经紧密相关，大脑皮质神经会产生兴奋作用和抑制作用，这些作用的产生和转换过程决定了灵敏性的高低。如转换容易且迅速，就意味着机体灵敏性较强；如转换困难或缓慢，说明机体的灵敏性较差。灵敏性是系统机能和器官共同产生效果的素质，篮球运动员对于灵敏性的要求较高，水平较高的篮球运动员大脑皮质神经的活跃度很高，能够很好地控制肌纤维，使其协调统一地运行，迅速完成对肌肉收缩和发力的控制，因此高水平篮球运动员能够精准地控制动作。灵敏性与生理、心理学均有密切关联，具体有以下三个方面：

第一，判断和反应能力。对运动员进行灵敏性训练，需要运动员能够熟练掌握技术动作，并在赛场进行合理运用，使用什么技术动作需要运动员对赛场情况进行及时、准确的判断，判断是为了选择合适的技术动作，因此这两项能力是连贯的，需要迅速地进行判断和反应。大脑皮质神经的分析能力结合肌肉的运用和调控，是训练判断和反应能力的要义。

第二，对空间和时间的精准感知以及运动知觉。训练灵敏性并不是仅仅针对运动员本身，而是需要运动员做到对客观环境的了解以及在各种不同的情况下做出相应的判断，运动员还要注意时间，及时进行判断和发力，协同客观环境及时间对自身进行调动，以达到

最佳的配合效果。

第三，节奏知觉。运动员的技术动作不能单独存在，要适应环境，根据情况进行选择，从动作的开始到结束都要与环境和时间相契合，使之协调。因此在进行技术动作时，运动员要注意节奏知觉，运动要结合时间、空间和自身进行考量，需要运动员的节奏知觉高度分化，这一点需要运动员具有一定的协调和平衡能力，此外通过不断训练累积的经验运动员能够有本体感觉，也有助于在比赛中把握节奏。由此可见，灵敏性是多种能力的结合，运动员需要在多个方面进行训练，以提升自己的能力，达到高度的灵敏性。

根据篮球运动员表现出的灵敏性与专项的关系，篮球运动员的灵敏性可分为一般灵敏性和专项灵敏性。根据运动（水平运动、垂直运动、二点运动、四点运动）的次数和运动方式的组合不同，灵敏性又可以分为闭合性（或预知性）灵敏性和开放性（随机性）灵敏性。在预先设计好的运动中表现出来的灵敏性称为闭合性灵敏性，如 T 形跑、六边形跳等；在随机运动中表现出来的灵敏性称为开放式灵敏性。

### （二）灵敏素质的影响因素

灵敏性既有感官因素，也有训练因素，对灵敏性起主要影响作用的因素有以下两点：

第一，视觉因素。视觉对于判断而言至关重要，因此运动员在训练和比赛中，都很重视视觉方面的作用，比赛中要求篮球运动员关注队友和对手的位置和动向，同时要求运动员保持视觉的稳定，双目时刻直视前方，不能斜视，在运动和转向的过程中，要转头保持目光向前。如果要转向，则要先确定好方向再转头，而后再转身。先转头确定方向再转肩、髋，能够有效避免出界等情况的发生。

第二，手臂因素。篮球运动中的手臂动作非常重要，在灵敏性方面也是如此，手臂不仅能够做动作，也是重要的助力方式，加速时手臂动作能够帮助运动员提高步伐的频率和幅度，正确的动作和有力的摆臂都能有效提升速度和效率。

## 二、篮球灵敏素质的训练方法

### （一）一般训练方法

#### 1. 基本技术的训练

基本技术的训练一般使用中等速度强化运动员对动作技巧的掌握，如锻炼肌肉爆发力的重心着地，这项训练的要点为：一是脚要位于身体重心向下；二是减小制动力；三是缩短着地时间；四是后蹬力要足。运动员能够准确掌握技术后可以进行速度的提升，使其能够在最大速度的前提下完成技术动作。

2. 体能、耐力、速度、爆发力和转向

体能是运动的基础，是完成技术动作的首要保障；耐力和速度是长期的训练，HIIT（高强度间歇训练法）或比赛都是理想的训练内容；爆发力和转向需要动力链才能达到好的训练效果，可以采用专项训练的方式进行。

灵敏性训练有很大一部分在于转换的过程，即停止状态到高速运动、加速到减速、减速到停止等，这其中最重要的不是加速而是减速，加速相对而言目标单一，而减速之后面临的可能是转向，因此对于灵敏性训练而言，减速和转向是最佳的训练内容。不同状态下的减速、转向、急停、加速等是灵敏性的主要训练内容，这些训练内容对于运动员而言是进阶训练，要建立在牢固的基础上，先夯实自身的力量、速度和爆发力等基础，训练好减速和制动能力之后再进行，要逐步加强训练，这样既能提升训练效果、巩固训练成果，又能最大限度地避免运动损伤。

### （二）具体训练方法

此类练习主要在篮球场进行，主要内容包括起动、加速、减速、急停、转身、滑步、变向等练习的结合。如变向训练包括软梯训练、障碍左右前后跳、跳绳单双飞、M 型绕障碍折返跑、半场急停—加速—折返跑、边角加速—滑步—后退—转身跑、半场四角绕障碍变向跑、全场多级折返跑、半场三角滑步—后退—转身跑、全场多级变向跑等。

第一，软梯训练。借助软梯进行的侧向快速跨跳训练，方法是运动员在软梯一侧，先将一只脚跨入格内，迅速换脚进入，方格内的脚跨出，如此从软梯一端直到另一端。软梯训练的要点是速度快、停留时间短。

第二，障碍前后左右跳。运动员要从起始点快速起跳、快速落地、再次起跳至原点，朝四个方向多次练习，要点同样是触地时间要短。

第三，跳绳单双飞。跳绳时运动员可采用单脚和双脚交替进行的方式，动作要点是要注意膝盖伸直。

第四，M 型障碍折返跑。M 型障碍共有 ABCDE 五个障碍标志，运动员从始发点 A 加速跑，经过 B、C 两点后，快速后退至 D 点，加速至 E 点后，反方向再次进行练习。

第五，半场急停—加速—折返跑。在边线间进行，中途要在 S 点急停，从始发线到达另一边线后第二次急停，转身跑回起始点。

第六，边角加速—滑步—后退—转身跑。罚球线角为起始点，加速跑至端线急停，滑步至边线再次急停，向罚球线后退跑，到达后转身沿弧线回。

第七，半场四角绕障碍变向跑。篮球场地中，半场的四边形区域可进行绕障碍变向跑训练，由任意一点向临近点跑，到达后急停转向同方向下一点，直至回到起点，在正四边形区域进行练习，因此转身角度为九十度，非常适合加速和转向训练。

第八，全场多级折返跑。从罚球线向另一端罚球线跑，中途在中场线急停，而后退回罚球线。这一训练也可以半场与全场相结合，从罚球线跑至中场线后退回罚球线（采用后退方式）而后加速跑至对面罚球线，再退回起点，再次加速向对面底线跑，再次退回起点（采用后退方式）

第九，半场三角滑步—后退—转身跑。起始点为底线角，出发采用滑步至另一端急停，而后转身采用后退方式跑至中线圈，再次急停后加速返回起点。

第十，全场多级变向跑。起始点为端线三角标记处，运动员从此处向罚球线三角标记处做变向跑，继续采用变向跑至中线三角标，反复五次后加速向对面端线三角标跑，而后全速返回。

## 三、篮球灵敏素质训练方案的设计

篮球体能训练中，速度训练通常与灵敏性训练结合起来进行。在安排速度训练计划时要结合篮球专项、结合安排灵敏性训练。以下是篮球队在 20 周的基本期，把速度、灵敏性及有氧训练结合起来安排计划的要点，供大家参考。需注意的是，每一阶段训练的时间长度可以根据年度周期安排进行调整。

第一，基本期的前期（8 周）：训练课的主要目标是通过 3~4 组，每组 10 分钟的练习来提高最大有氧能力和对乳酸、丙酮酸的利用能力，这种练习可以每周练 2 次，两次练习之间间隔两天（48 小时）以上。

第二，基本期的后期（8 周）：每周 2~3 次速度、灵敏性训练课，以亚极量强度进行，强调运动技术。代谢能力的训练为每周练 2 次，两次练习之间间隔两天（48 小时）以上。主要目标是通过 2~3 分钟全力运动，间歇 8~10 分钟的练习提高耐乳酸能力。最大有氧能力训练每周练习 2 次，方法与赛前转换期相同。

第三，赛前转换期（4 周）：每周 2~3 次速度、灵敏训练课。主要训练目标是通过助力措施和阻力措施，在全速情况下完成练习技术。最大有氧能力训练每周 2 次，方法与赛前期的前期相同，专项耐力训练每周 3~4 次，主要训练目标是挑战专项无氧能力和专项有氧能力的极限。在这种训练中，运动员要全力完成练习，保持练习强度。练习强度只要能保持，训练课就要继续，直到运动员不能维持要求的强度，训练课才结束。

第四，比赛期：除了专项实战训练外，每周各进行一次无氧训练和有氧训练，以保持有氧能力和无氧能力。

# 第五节　篮球心理素质训练

## 一、心理能力的理论阐释

### （一）动机

动机指的是促使个体进行某项行为活动的心理动因或内部动力。动机能够激发并维持个体参与各种行为活动，促使个体朝着某一个特定的目标进行各种活动，以满足个体的愿望或理想。

1. 动机的分类

（1）按动机来源分类

第一，内部动机。内部动机指个体为了满足自身的生物性需要，通过对某一特定行为活动的积极参与，积极面对各项挑战，并且在这一过程中充分展示自身能力、体现自身价值，从中获得满足感与效能感的动机。内部动机是一种依靠内部力量的动机，是一种由内部对个体行为进行驱使的动机。内部动机能够充分激发个体产生某种行为，使个体参与某种行为的动力来自内部的自我动员。

第二，外部动机。外部动机指个体为了满足社会需要，通过某一特定行为活动的参与来获得一定的外部奖励，以免被惩罚，从而满足自身社会性需要的动机。外部动机是一种依靠外部力量的动机，是一种由外部对个体行为活动进行驱使的动机，使其产生并参与某项行为活动的动力来源于外部的动员力量。

内部动机与外部动机有着非常紧密的联系，彼此之间相互促进、相互影响。外部动机对内部动机能够产生影响：一方面，外部动机能够强化个体的内部动机；另一方，外部动机能够弱化个体的内部动机。这主要决定于外部奖励对个体的刺激程度，当奖惩措施得当，那么外部奖励以及较小程度的惩罚都能够充分激发个体积极参与正确的行为活动，并促使外部动机转化为其参与该项行为活动的内部动机。反之，外部动机则会弱化甚至破坏个体的内部动机，从而获得相反的效果。

（2）按兴趣分类

第一，直接动机。直接动机指的是以直接兴趣为基础，指向活动的过程本身的动机，即个体本身对某项行为活动具有很浓厚的兴趣，而自愿选择参加该项行为活动的动机。例如，一些运动员本身对自己所从事的体育项目具有非常浓厚的兴趣，认为该项体育活动能够有效提升自身的身体机能水平，参与该项体育活动，能够最大限度地挖掘、体现自身的运动潜力，进而产生一种满足感与效能感，这样的动机即为直接动机。

第二，间接动机。间接动机指的是以间接兴趣为基础，指向活动的结果的动机，即个体本身对该项行为活动缺乏兴趣，但是为了某个目的却不得已参加的动机。例如，一些运动员本身对体育运动比赛缺乏足够的兴趣，只是认为这是其所必须克服的困难，这样的动机即为间接动机。

2. 动机的培养和激发

（1）满足运动员的需求

一是追求刺激和乐趣的需要。篮球运动训练本身就是一个枯燥且漫长的过程，在具体的训练过程中，如果训练安排过于乏味，或者对运动员提出的要求过高，势必会降低运动员的训练兴趣，进而降低其运动动机。

二是获得集体归属感的需要。不管从事哪种职业，所有人都需要有一定的归属感，同样的，运动员在参加体育运动训练的过程中，也希望自己能够成为集体中的一员，并充分感受到自己在整个集体中的价值，才能产生良好的动机去为整个团队争取更多的荣誉。因此，教练员在篮球运动训练中，可以利用集体荣誉、集体的行为规则、集体的目标等来激发运动员产生参加篮球训练的成就动机。

三是展示自我的需要。运动员在参加训练与比赛的过程中，普遍具有非常强烈的自我展示的需要，希望在此过程中能够充分体现自身的价值。这种需要的特点主要决定于运动员归因的特点，根据运动员的归因特点，可以将运动员分为两种类型：一种是成功定向的运动员；另一种是失败定向的运动员。不管是哪一种运动员，自我价值感都是他们非常重视的精神财富，通过展示自身的能力、体现自身的价值，以获得他人的欣赏、认可与尊重，或者只需要自己能够感受到自身的价值与能力，不必获得他人的赞赏与尊重，都能够使其满足这种自我价值的需要。

教练员在对失败定向的运动员进行训练时，应该根据其实际情况帮助其重新确立新的训练目标，同时还应该尽量采取各方面的手段与措施来增强其自我价值感，满足其实现自我价值的需要，如此一来，才能充分激发其训练动机，进而产生积极的训练效果。

（2）运用强化手段培养动机

强化指的是当个体产生合理正确的行为时，为其给予适当奖励或撤销对其的惩罚等消极刺激的过程。如果能够合理运用强化手段，则能够有效激发运动员的训练动机；如果不能合理利用强化手段，则很有可能降低、破坏运动员的训练动机。通常情况下，强化措施所产生的动机激发效果好于惩罚措施，因此，相对于惩罚措施，强化措施更有利于促使个体产生正确的行为，当然，也需要适当采用一些惩罚措施。在篮球运动训练中，教练员在运用强化手段激发、培养运动员训练动机的过程中，应该注意四个方面的问题：①对能够获得奖励的行为、条件、标准等进行明确具体的规定。要保证奖励措施能够充分激发运动员的训练动机。②对于符合标准的良好行为表现，应该采用没有规律的强化措施进行激励。③鼓励运动员之间采用相应的强化措施来激励彼此。④教练员应该认识到奖励并不是最终的目的，最终的目的是激发运动员训练的内部动机。

（3）依从、认同和内化方法培养动机

一是依从方法。依从方法指的是利用奖励、惩罚等措施来激发运动员产生训练动机的方法。该方法对于激发个体内部动机有着非常显著的作用，尤其适用于自我观念比较淡薄的运动员。

二是认同方法。认同方法指的是利用教练员与运动员之间的关系来对运动员的训练动机进行激发的方法。该方法对于运动员内部动机的激发同样有着很显著的效果，但前提是教练员要与运动员之间形成良好的关系，以使运动员能够发自内心地愿意按照教练员的要求进行训练。

三是内化方法。内化方法指的是通过对运动员信念与价值观的启发来激发运动员参加训练的内部动机的方法。

（4）自我调整以引发动机

个体通过自我调整的方式也能够有效强化自身的行为动机，有利于增强自身责任感与自我价值感，因此，自我调整对于运动员训练动机的激发与培养至关重要。一般情况下，教练员对于运动员的训练安排都是比较合理的。如果运动员能够根据自身实际情况合理制订训练计划，则很容易设计出更加适合自身的训练计划。因此，在篮球运动训练中，教练员应该根据运动员的运动能力与训练水平，在适当的条件下，适当下放自身的权力，逐步增强运动员在训练过程中的主体性、责任性、自觉性与能动性，逐步培养运动员在特定条件下进行正确决策的能力，如此一来，便能有效激发运动员的训练动机。

## （二）认知能力

人的认知能力既受到先天因素的影响，也受到后天环境、年龄等各方面因素的影响，认知过程指的是个体在对客观事物进行认识的过程中所表现出来的一系列心理现象。在篮球运动中，认知是运动员基本的心理能力。

### 1. 感知觉能力

感觉指的是当个体受到某一客观事物的直接刺激时，大脑对于事物部分属性的反应。例如，听见声音、看见颜色、闻到气味、尝到味道、触摸到物体等，这些都是在客观事物的直接刺激下，个体大脑对事物的整体反应。当客观事物对人体的各种感觉器官产生直接刺激时，人的大脑中便会对这些客观事物产生一个整体的形象，这一过程为知觉过程，感觉与知觉都是当感觉器官在受到客观事物的直接刺激时，其大脑对这些客观事物的部分属性所形成的整体反应，是对这些客观事物进行认识的起点。在篮球运动训练中，运动员要想更好地学习、掌握篮球运动技术，首要的就是具备敏锐的感觉能力，也就是要具备较高的感受性。只有这样，才能对篮球运动的各个技术动作及其相互间的相似性与差异性进行很好的感知，同时也能够及时发现并改正一些细微的错误动作。除此之外，较高的感受性也能够提高运动员对外界刺激的感知速度，进而有利于提升其反应速度。在篮球运动训练中，教练员还应该特别注重对篮球运动员相关理论知识与实践技能的感知训练。

2. 思维能力

思维指的是个体对事物的内在本质及其规律进行深刻认识的活动，例如，在对人的认识方面，个体的感知觉只能对人的具体形象、面貌特征、身高体形、肤色特征、身体器官等非本质方面进行认识，而思维则能透过表象，对人的本质特征进行认识，主要包括人能够生产、使用劳动工具，人能够进行社会生产活动，人具有语言能力、思想意识、高级情感等。运动员在学习、掌握某项运动技能的过程中，除了需要经过反复多次的训练之外，还需要具备一定的思维能力，以对这些运动技能的本质与规律进行深刻认识，进而与身体练习相结合，从而达到提升运动技能的目的。在篮球比赛过程中，由于比赛场上的形势复杂多变，需要篮球运动员具有较强的应变能力，篮球运动员在日常训练中，要保持思维的灵活性、独立性、敏捷性与深刻性，避免古板固化的思维，这样才能有效提升训练效果，进而在比赛中充分发挥自身的技能水平。

### （三）自信心

对于一个优秀的篮球运动员而言，除了需要具备高超的技能水平与良好的体能素质之外，还需要具有足够的自信心，这能够帮助他们以良好的状态进行训练与比赛，使其保持清醒的头脑，勇敢面对对手与各种困难，冷静处理各种复杂的情况，促使其能够顽强拼搏、超越自我，从而充分发挥自己应有的技能水平。

自信指个体坚信自己具备能够成功应对某种情境的能力。运动自信指运动员坚信自己能够成功完成某项运动任务的信念。在篮球运动中，运动员的运动任务具体为学会、掌握某项篮球运动技术动作或战术方法，在运动损伤中得以有效康复等，尽管篮球运动员的运动任务不尽相同，但是拥有运动自信的篮球运动员，基本上都相信自己能够完成这些不同的运动任务。

1. 运动自信对运动表现的影响

运动员自信能够在某种程度上影响运动员的运动表现，其主要原因在于以下三点：

（1）自信是一项非常重要的心理技能，对于一个运动员而言，自信能够帮助其以良好的状态参加运动训练与比赛，是决定其成功表现的重要心理因素。

（2）自信能够作为衡量运动员是否成功的一个指标，这是因为真正优秀成功的运动员，一般具有很强的自信心，他们的焦虑程度比一般人低，在绝大多数情况下都能够保持积极、乐观、向上的态度，很少产生消极悲观的想法与情绪。不仅是个体的自信程度能够决定其是否成功，而且整个集体的自信程度也能够大大影响其整体的运动水平，自信程度越高的团队，其整体的运动水平往往也越高。

（3）自信能够对运动员的焦虑心理进行调节，通常情况下，拥有强大自信心的运动员，一般能够对自身的焦虑进行调节，及时调整自身的情绪，迅速进入积极的心理状态，进而有利于其在运动训练与比赛中表现良好，最终促进其运动成绩的提升。

2. 运动自信的提升

（1）引发一定的成功体验。当个体获得一定的成功体验时，可以有效增加其自信程度，进而有利于产生更多良好的行为表现。在篮球运动训练中，如果运动员能够体验到成功所带来的成就感与满足感，就很容易对自身的能力充满自信。因此，在日常训练中，教练员应该注重对这一层面的考虑，可以通过创设一定的运动情境，使运动员能够产生一定的成功体验，增强运动员的自信心，增加运动员对自身能力的认可度。但是不能过于频繁地使运动员产生成功体验，否则很容易造成运动员盲目自信，骄傲自满，对自身的真实水平缺乏客观全面的认识。

（2）进行心理技能训练。通过对运动员进行心理技能训练，有利于增加其自信程度，心理技能的具体训练方法包括以下两种：

一是自我对话。自我对话指运动员针对自己能否实现预期目标与自身进行对话的过程。积极正向且具有激励性与导向性的自我对话能够有效增强运动员的自信心。运动员自我对话形式主要包括三种：①情绪方面的对话，如能够表达激动、喜悦等心情的话语；②技术方面的对话，主要指聚焦于成功执行的话语；③记忆方面的自我对话，主要指对之前的成功体验进行回忆的话语，这些自我对话形式都能够有效提升运动员的自信水平。

二是设定一定的目标。通过制定不同形式的目标、采取相关的策略，能够显著提升运动员的控制感，发展运动员的专注力，进而有利于增加其自信心。

（3）建立乐观的思维定式。运动员的自信与其成败归因之间有着非常密切的联系，二者之间相互影响。对于乐观的运动员而言，如果在比赛中赢得胜利，通常会进行内部归因，即将自己的成功归因于自身的技术水平高、战术策略合理等，进而逐步增强自信心；如果在比赛中失败时，通常也会将失败归因于自身的技术水平不够高、战术方法不够正确等，以保护自己的自信心。这样的方式对于运动员自信心的建立与保护、运动成绩的提高都很有好处。因此，教练员在日常训练中，应该注意培养运动员积极乐观的思维定式。

（4）重视赛前准备工作。运动员自信心的形成主要来源于自身良好的身心状态。因此，在开展比赛活动之前，应该要求运动员做好身体、心理、技术、战术等多方面的准备，同时还要在出行时间、就餐时间、赛前仪式等方面也都做好足够的准备，使运动员能够以良好的身心状态投入到之后的比赛中。

（5）提供外界支持和鼓励。如果运动员能够获得教练员、家人、好友等的支持与鼓励，并且能够获得一些具有建设性的建议与意见，也很容易提高自身的自信水平，尤其是经常参与到运动员训练中的教练员，教练员的鼓励与建议对其自信心的提高至关重要。

## （四）注意力

在篮球运动比赛中，运动员的注意力能够在很大程度上影响其技能水平的发挥效果。因此，教练员应该注重运动员注意力的提高。

注意力指的是个体的心理活动或者意识对某一特定对象的选择、指向与集中，人的一切心理活动都需要以注意的指导与集中为基础，正是因为人们具有注意力，所以才能够专注地处理某一个事物信息。注意力促使人们去选择一些自身需要、有价值的行为活动，或者选择一些与当前任务活动存在一定关系的刺激，以保证个体能够对事物形成正确的认知，以便于对事物进行更有力的控制。

在篮球运动比赛中，运动员的目标就是进行积极进攻与防守，在规则允许范围内，将球投到对方的篮筐中，最终赢得比赛的胜利。篮球比赛中，篮球运动员的注意力通常会受到很多因素的影响，如球员、裁判、观众、教练员等。因此，篮球运动员要保证自身的注意力不被外界因素所干扰，要时刻集中注意力，从而更好地发挥自身的技能水平。例如，在进行罚篮时，运动员应该将全部的注意力集中于篮筐与篮板上，要忽视其他各种因素的干扰，尤其是观众席所产生的各种噪声等。另外，在比赛过程中，运动员也应该时刻观众比赛的情况，积极获取相关的比赛信息，以及时做出相应的决策与技术动作。在日常训练中，运动员可以利用自我暗示法、想象训练法、指导语等方法进行训练，以克服各种内外干扰因素的影响。

### 1. 注意力训练的原理

注意力训练是帮助运动员为达到某一目标，不受任何杂念和客观条件的干扰，始终把注意力集中在当前的活动上。运动员在篮球运动训练和竞赛中注意力分散，往往是由于情绪或杂念过多，或者是精神和身体的疲劳所致。有时也可能是客观条件变化的不适应状况，使注意力集中的强度变弱、时间变短，这时要求运动员排除杂念、抗拒干扰，把注意力从分散状态重新集中起来。但是，注意力从分散到集中必须通过一段时间的训练方能见效。注意力在篮球运动中之所以重要，是因为在比赛中场上的形势每时每刻都在发生变化。所以，保持注意力的高度集中，就成为比赛胜利的重要条件。

2. 运动员注意力的培养原则

在比赛过程中，运动员应该充分有效地利用各种注意资源，对比赛中注意的指向进行有效调整，具体而言，要遵循心理定向的三大原则。

（1）过程定向原则。也就是说，运动员应该将所有的注意力集中在比赛的具体过程以及各种任务方面，不要总是考虑比赛的结果及其所带来的影响等。

（2）主动定向原则。也就是说，运动员应该将所有的注意力集中在自己身上，不要过多地关注对方球员、周围环境等因素。

（3）当前定向原则。也就是说，运动员在比赛过程中，应该多关注当前的比赛情况，而不是过多地考虑之前的失误与失利，同时也不能一直关注比赛的最终结果。

3. 运动员注意力的培养方法

（1）秒表练习。要求运动员注视手表上的秒表，目光随着秒表的移动而缓慢移动，刚开始可以先看一分钟，如果一分钟之内视线都没有离开过秒针，则可以继续增加注视时间，增加到 2~3 分钟即可，如果在这段时间内视线都没有离开秒针，则可以继续增加每次训练的时间，直到确定视线能够注视秒表而不移开的最长时间，然后继续按这一最长时间进行重复训练，每次训练完之后休息 10~15 秒。如果运动员能够坚持 5 分钟始终注视秒表而注意力不被影响，则可以视为较好成绩。每天按照这样的方式训练几次，经过一段时间的训练，就能够显著提高运动员的注意力。

（2）模拟练习。通过模拟练习法来对运动情境中的各种干扰进行熟悉，以降低各种干扰因素对运动员注意力的影响，例如，可以在观众席进行模拟训练，以降低观众的呐喊声、口哨声等各种噪声对运动员注意力的干扰。

（3）加强外界干扰及精神紧张时注意力的训练。运动实践表明，运动员在外界的严重干扰和竞赛双方势均力敌、比分不相上下时会导致精神的高度紧张和注意力的分散。因此，要有意识地设置外界干扰（观众的喊叫、起哄，裁判员的误判等），或增加训练和比赛的难度，使运动员在种种可能发生的干扰状况下训练。

（4）明确比赛任务。运动员在比赛过程中，应该充分明确自身的比赛任务，始终将注意力有意识地集中于自己当前的任务以及各种可控因素上面，如自己的技术动作与战术方法等，避免将注意力放在一些不可控因素上面，如裁判员不公平的判决等，也不应过多地考虑比赛的名次或有可能产生其他的不利影响等。

（5）准备集中注意的暗示语。在比赛开始之前，准备好各种积极正面、简单有效的暗示语，以帮助自己在比赛中提高注意力，或者阻止各种杂念对自己注意力的影响。

（6）保证充足的睡眠。充足的睡眠能够使运动员的神经系统处于积极活跃的生理状态，有利于运动员保持清醒的头脑，从而有利于提升运动员的注意力。

（7）培养从事篮球运动的浓厚兴趣和良好动机，有助于在训练中高度集中注意力。

## （五）应激、唤醒与焦虑

### 1. 应激

应激指的是个体对应激源或刺激所做出的反应。应激源指的是那些能够使有机体产生一系列适应性反应的刺激。应激反应指的是应激源、个体对各种应激源的评价以及个体的一系列反应等各种因素之间彼此作用的过程。当生活中发生一些人们难以应对的重大事件时，就能够使人们的机体产生各种应激反应，从而导致人们身体与心理上都出现一系列不适的症状。这些生活事件的发生打破了人们原本平静的生活，需要人们去重新适应新的环境，因此其具有显著的应激性。生活中的大多数应激都来源于这些重大事件。相关研究表明，当人处于高应激状态时，应该尽量不要参加竞争性强的体育运动，因为这些竞争激烈的运动通常也会产生更多的应激源，从而很容易导致参与者出现运动损伤。在对应激进行控制时需要注意以下两点：

（1）选择适度的运动与积极应激。当个体受到应激源的刺激时，其机体所产生的本能反应是搏斗或者逃跑，此时机体内能量的交感-肾上腺机制开始被动员起来，血液中的儿茶酚胺的含量开始增多，运动员如果进行搏斗或者逃跑，则能够释放其体内的能量。但是在现实社会中，很少有人通过这一方法释放这种类型的能量，但是如果这类能量被动员起来却无法被充分释放，就会导致个体身心平衡的状态被打破，从而对机体产生一定程度的损害。因此对抗应激的一个重要手段就是释放能量。

（2）避免过度的运动与心理耗竭。心理耗竭指的是当个体面对较大的心理压力时所产生的一种心理现象。在体育运动训练中，如果运动员长期接受强度过大的训练时，则不仅很容易造成机体的损伤，也会对运动员造成很大的心理负担，进而影响其心理健康，最终表现为心理耗竭。当个体出现心理耗竭时，开始出现安静状态时心率增加、长期肌肉疲劳、失眠、体重下降、感冒、出现呼吸道疾病等症状。

### 2. 唤醒

唤醒指的是有机体总的生理性激活的不同状态或不同程度。唤醒主要表现在三个方面：①脑电唤醒，具体表现为在刺激作用下，脑电出现去同步化的低压快波；②行为唤醒，表现为当唤醒没有被麻醉的动物时，通常会随之出现一系列的行为反应；③植物性唤醒，具体表现为在接受高强度刺激时，植物性神经系统所出现的一系列活动。这三种唤醒方式既可以单独出现，也可以同时出现。唤醒在改变、维持大脑皮层的兴奋性，使大脑机体保持在觉醒状态方面有着非常显著的作用，它能够为个体集中注意力提供能量。

3. 焦虑

焦虑指的是当个体感觉自己难以克服各种困难而实现自身目标，体验到自己的身心平衡状态被打破，所形成的包含紧张、担忧、恐惧等消极心理的情绪状态。焦虑状态又主要包括生理唤醒、情绪体验及威胁、确定性和担忧的认知表征这三种成分。在一定条件下，运动员会产生各种焦虑，通常情况下，可以将焦虑分成以下四种：

（1）状态焦虑。状态焦虑指的是当个体处于紧张、忧虑状态时所产生的各种能够充分意识到的主观感受，这也是一种高度自主的神经系统活动。例如，对于一个初次参加重大篮球比赛的运动员而言，在进入场地时所感受到的紧张与不安，就属于赛前的状态焦虑。

（2）躯体焦虑。躯体焦虑通常是因为运动员自发的唤醒所产生的，主要表现为心率增加、呼吸急促、食欲不振、手心出汗、肠胃痉挛、肌肉紧张等。

（3）认知焦虑。认知焦虑属于焦虑的认知成分，通常是由对内外刺激产生的威胁性评价所引起的，伴有担忧、紧张的感受。躯体焦虑与认知焦虑的概念是彼此独立的，但是在应激环境下，二者可能发生改变。

（4）特质焦虑。特质焦虑是一种一般性的人格特质，指的是在各种情景下产生焦虑的情绪倾向与行为情绪倾向。也就是说，一个人不管处在哪种情景下，在看待各种事物的过程中，其情绪与行为都会伴有一定的焦虑成分，从而使其在各种情景中多表现出焦虑反应的一致性。

## 二、篮球心理素质训练的作用与任务

### （一）篮球心理素质训练的作用

篮球是一项具有独特的制胜性、社会性和生理性的集体运动，其对象性和对抗性十分强烈。由干篮球运动具有较高的压力、强度和负荷，因此，若想在篮球运动项目中获得最终的胜利，则需要篮球运动员具备良好的心理素质。在参与篮球运动的过程中，运动员的体力和脑力会大量消耗，因此，为了使现代篮球比赛的现实需要得到最大限度的满足，就需要积极开展篮球心理训练。具体来讲，借助多样化的心理调节手段，对篮球运动员的心理过程、个性心理特征进行主动性、有意识地施加积极影响的训练行为，均可被统称为篮球心理训练。“心理素质的培养不是一蹴而就的，需要一个长期的、系统的培养过程。”①其功能性主要包括三个层面的内容：

第一，积极参加篮球心理训练，能够促进运动员比赛心理状态的有效训练。在大多数人的共识中，运动员对个人心理状态的控制以及对个人心理情绪的调整是其在参与运动项目中获得理想成绩的重要保障，因为这将使运动员具备良好的自我控制、管理和疏导能力。这一点在篮球比赛中尤为重要，甚至在某种程度上直接决定着运动员能否在不同的篮球比赛中对个人的心理状态进行及时调整，更是运动员良好运动状态得以保持，在篮球比赛中充分发挥个人的水平和能力来完美展现各项运动技能，从而取得良好比赛成绩的重要保障。若不具备良好的心理素质，则意味着自我调节能力的缺失，这样一来，在训练或比赛中，运动员就会受到焦躁不安、紧张懈怠负面心理情绪的影响，从而严重影响运动员在赛场上的表现，甚至是比赛的最终结果。

第二，积极参加篮球心理训练，对篮球运动员的心理有着重要的改善作用。从篮球运动员的角度来看，要想对个人心理状态进行调整，就要对“心理”的构成因素，即意志因素、情感因素、认知因素进行明确。篮球运动员参与激烈的篮球比赛，需要具备强大的心理状态，而运动员清晰的运动表现能力、准确的运动知觉以及高度灵活的思维意识，对于运动员参与体育训练活动的效率和质量，以及灵活应对队友的动作，明确各项战略战术具有重要意义。在整个篮球比赛过程中，篮球运动员需要高度集中注意力，只有这样，才能针对场上的各项移动物体以最快的速度和最有效的方法进行反应。

第三，积极参加篮球心理训练，能够对篮球运动员的个体发展发挥重要的影响力。对于篮球运动员来讲，若想通过参与篮球运动来实现个人发展，需要达到一定的标准、符合特定的要求，尤其需要运动员不断提升自身素质，来进一步凸显个人特色和参与篮球运动、篮球训练的积极性、自主性、创造性。通过开展运动员心理训练活动，能够有效改善篮球运动员的训练态度，从而使篮球运动员能够拥有一个良好的心理状态来积极参与体育运动。

### （二）篮球心理素质训练的任务

篮球心理训练主要包括一般心理训练、特殊心理训练两种训练活动，而无论是哪种训练活动，都需要建立在对篮球运动员自主参与、能动参与篮球训练活动的基础上，同时，还需要确保篮球运动心理训练内容与要求符合篮球运动员的心理特征。当今社会，篮球运动员篮球运动水平的显著提升与篮球训练重心的进一步凸显密不可分，也就是说，只有积

① 吴晓敏. 青少年篮球运动员心理素质提升路径探析［J］. 青少年体育，2019（12）：41.

极开展特殊心理训练活动，才能对篮球运动员运动水平的提升有所帮助。篮球特殊心理训练的任务集中表现为以下两点：

第一，为了与篮球运动的需要相适应，运动员需要具备多种心理素质和能力。在篮球比赛中，想要消除运动员的紧张情绪，可以通过对个人的心理情绪进行调整来实现。而通过参与篮球训练所培养的良好运动形态和运动态度，对于运动员身体和心理适应性的提升具有重要意义。篮球运动员篮球运动能力的提升，使得篮球运动员在开展篮球运动时能够始终保持一种相对兴奋的状态和稳定的情绪。篮球运动员篮球运动技能的不断提升，对于篮球运动员高作战水平的培养与发展具有重要影响，是篮球运动员能够精准判断空间中的各个运动状态的重要保障，这同时也体现了篮球运动员良好的时机感。

第二，基于比赛的需要和运动员的个体差异来进行篮球运动员的专项心理训练。大量的外向注意是篮球运动员决策的主要来源，所以，篮球运动员要具备一定的对注意范围和方向进行控制的能力。若缺乏较高稳定性的心理状态，则篮球运动员注意力的可塑性就无法得到有效培养。

作为一种积极性的意识，“意志”将理性和情感进行了有机统一，因而能够对人们的思想活动与行为活动发挥重要的调整作用。倘若缺乏良好的意志品质，则运动员在运动场上所必备的果断性、目的性、自制自控性和自主能动性都将无法得到显著提升。与人的某种特征类似，人同样无法对其所具备的意志品质进行直接评估或判断，同时，若想在各种竞争事件中对其不同作用进行准确区分也存在很大的难度。作为运动员必备的综合素养之一，意志素质的培养需要心理训练的有效开展。

## 三、篮球心理素质训练的方法

心理训练主要是在篮球训练的过程中，有针对性地去影响运动员的心理过程，这是篮球训练的重要组成内容，包括意志素质和专项心理素质两方面的训练。在篮球运动中，意志的品格表现在运动员的创造性上，要提高运动员的意志素质，使其能克服困难，也能够在比赛中稳定情绪，尤其是面对一些复杂的比赛因素，能够保持最佳的心理状态，不会受到外界因素的干扰。

任何竞技体育都与竞争密不可分。现代篮球比赛最大的特点是对抗性越来越强。篮球比赛的双方在综合能力相差不大时。心理素质则成为决胜的重要因素。在比赛过程中，很多因素都能影响到运动员的心理状态，如比赛的本质、对手、场地设备、观众、时间、分数、教练的态度、球员之间的情感和社会因素等等，这主要体现为紧张、懈怠、骄傲和缺乏自信。心理训练能够有效提高运动员的心理素质。在比赛过程中根据比赛节奏来调节自己的心理状态，尤其是在一些复杂状况下，保持心理状态的稳定，也能够稳定发挥自身的技术水平，确保在比赛中运动员的正常秩序，或者战术水平的发挥。一般心理训练与竞技心理训练的关系是相互依存、相互制约的。运动员良好的心理素质和人格特征是长期训练的结果。如果一般的心理训练是基础，那么专项的心理训练就是应用。

心理训练对于运动员来说极为重要，篮球运动员需要结合篮球运动的要求，不断提高自身的心理素质，能够面对比赛过程中的各种因素，保持平稳的心理状况，同时做好技能信任，不断提高自身的技能水平，也能够在比赛中根据不同的比赛状况，选择相应的战术，发挥出自身正常的篮球水平。在篮球训练过程中，保持正确的态度营造良好的心理状态，尤其是克服一些心理障碍，避免压力过大，或者面对比赛过于紧张，影响到自己的正常发挥，能够确保比赛顺利进行。比赛后，需要尽快进行疲劳恢复，不仅仅是身体素质的恢复，还需要进行心理状态的恢复，避免过度兴奋，应减少兴奋，但不损害其兴奋程度，以保证训练和比赛期间的情绪稳定。

心理训练需要结合运动员的实际情况，尤其要结合运动员的个性化要求，认识到运动员之间的差异，并且长时间坚持下去，结合不同运动员的要求，有针对性地进行训练，然后将整体的训练和针对性训练相结合，既要重视心理训练，也要重视技术和战术的训练。

### （一）模拟训练

#### 1. 模拟训练的重点

模拟训练的重点是适应性训练。人为地设置一些具体的模拟环境和模拟对手等，以及在比赛场上可能出现的突发状况。通过这一模拟训练，让运动员能够应对多种比赛情况，更好地适应比赛要求，也能够在具体的比赛中抵抗外部因素的干扰，维持心理状态的稳定。模拟训练的内容应尽可能与比赛的情况相同或相似。

#### 2. 模拟训练的方法

模拟包括语言形象的模拟和实景模拟两种。语言形象的模拟就是利用形象的语言来描绘未来竞赛时的情景；实景模拟就是在训练过程中创造一些与竞赛相似的条件。具体来讲，模拟训练包括以下主要内容：

（1）对裁判错判、误判的模拟。篮球运动比赛中，裁判的错判、误判时有发生，它对运动员临场的心理状态影响甚大。如何使运动员在遭遇不公正评分情况下，依然能表现出最好的竞技状态，这就需要训练运动员在比赛中的抗干扰能力、心理承受能力和适应能力。在平时的训练中模拟实战，创造评分的模拟比赛环境，并引导运动员泰然处之，头脑清醒、注意力集中，不被激怒、不埋怨，以适应比赛的实际情境，将主要精力放在自己可以控制的事情上，如在技战术上如何完成下一步的比赛，完全忽略自己无法控制的事情，如裁判的行为，尽可能地发挥出最佳的竞技水平。

（2）对观众影响的模拟。在大型比赛中运动员往往需要适应客场的很多不利因素，其中观众因素就是比较主要的。在客场比赛时，观众鲜明的态度和立场往往通过震耳欲聋的呼喊声和激烈的动作表现出来，给运动员以巨大的压力和干扰，即使是很有经验的运动员，也有可能会激动和紧张。因此，在平时的训练中应营造观众偏袒、喧哗的环境，如铜锣声、号声、喝倒彩、吹口哨、为对方加油等，让运动员在这样的环境中进行比赛，有利于克服运动员在实际比赛情景下的不良情绪。

（3）对时差和气候条件的模拟。国际比赛往往需要考虑时差的影响，如果我国运动员需要去美国参加比赛，两国时差为 11 小时左右，在这种情况下，运动员要恢复到正常的状态需要一周多的时间。一般来说，这样大的时差，在 3～4 天以内都不适合做大运动量的训练和比赛。为使运动员更快地适应时差带来的变化，可以提前进行一些模拟训练，在出发前一段时间逐渐地改变作息时间，这样能帮助运动员在到达赛地以后更快地摆脱时差带来的不利影响。

另外，有些比赛地点的气候变化较大。例如，北方的运动员去南方比赛，就需要适应温度和湿度带来的变化，可以在训练中将训练场地安排在没有空调的较为闷热潮湿的室内环境，使运动员逐渐地适应这样的环境，减少运动员到达比赛地点会遇到的闷热潮湿的比赛环境的影响。

## （二）放松训练

### 1. 放松训练的原理

放松训练是通过一些自我暗示，确保运动员的情绪稳定，进行心理放松，避免运动员压力过大或过于紧张。

### 2. 放松训练的方法

（1）深呼吸放松法。深呼吸放松法是一种最简易的放松法，在篮球运动员感到精神紧张的情况下，用于缓解紧张情绪，保持平稳的心态。

具体操作为：站定以后，双肩自然下垂。慢慢闭上双眼，然后慢慢地做深呼吸。此时，自己也配合呼吸的节奏给予一些暗示和套语，如一呼……一吸……一呼……一吸……体会慢慢地深深地吸进来，慢慢地呼出去……做的时候，注意感觉自己的呼气、吸气。这样，既放松了自己紧绷的身体，又转移了压力和紧张的注意力。

（2）想象放松法。想象是人类精神活动的一个重要组成部分。在篮球运动心理训练中，想象训练是非常重要的心理训练内容，其操作非常容易，效果却因人而异，这与运动员的个性特点、受教育程度相关。在做放松训练以前，应先解除身体上的一些束缚，以一个舒适的姿势坐下或者躺下，闭上双目，放松身体。此时可以由他人或者自己提供一些语言方面的引导，然后跟随着语言的引导展开想象。在此过程中，当让人提供语言性引导时，应该先让对方清楚什么样的情境能够使自己放松、舒适。

（3）先紧张后放松。先紧张后放松是一种相对复杂，但非常重要的放松方法。其主要特点在于通过对骨骼肌群进行不断地收缩与放松，体验自己肌肉的松紧程度，对神经系统的兴奋性进行调节，对机体内一些不随意的内脏生理活动进行控制，以对自身的心理状态进行调节。放松心理训练法的关键就是“静”与“松”，其中，“静”指的是要处于安静的环境中，而且心境也要平静；“松”指的是在意念的支配作用下，使自己的身心都处于放松的状态。这种放松训练可以增强运动员的记忆力、稳定情绪，对缓解紧张的心理压力效果更显著。

具体操作为：找一个安静的场所，有一把舒适的椅子或沙发，松开所有的紧身物品，并脱下鞋帽，以免一些不必要的因素影响自己的放松，以舒服、放松的姿势做好或者躺下，并排除诸如电话等外界影响因素。刚开始学习放松训练法时，可以先每天训练两次，每次训练半小时左右，随着训练熟练程度的不断增加，可以适当减少每次练习的时间，可以减少为每次 20 分钟或者更短，每日可以减少为 1 次，放松训练法一般可以安排在午休时间或者晚上睡觉之前进行。短期的放松训练法只能够缓解当时紧张、焦虑的心理，要想长期改善自己的性格、增强心理素质，还需要坚持长期的训练。因此，在使用放松训练法时，切忌急躁，急功近利，而是要持之以恒，坚持训练。

### （三）系统脱敏训练

随着篮球运动的不断发展，其竞技性也在增强，篮球运动员在赛前和赛中，都承受着巨大的心理压力。因此，很容易诱发赛前焦虑，影响比赛成绩。近年来，利用系统脱敏训练的方法来减缓运动员赛前焦虑逐渐受到重视。系统脱敏训练是帮助运动员在比赛之前进行心理调节，避免运动员在比赛之前过于紧张或恐惧比赛。

系统脱敏训练最早是一种在临床上用以治疗神经症的治疗技术。它是利用生理上的放松状态与心理上的紧张焦虑状态对抗的原理，循序渐进、有系统地把运动员由于不良条件反射而形成的强弱不同的焦虑反应，由弱到强一个一个地予以消除，直至最后把最强烈的焦虑反应予以消除（即脱敏），使之建立一种习惯于接触有害刺激而不再敏感的正常行为的过程。系统脱敏训练能使篮球运动员逐步适应比赛的特殊环境，排除篮球运动员参加比赛时产生的不良心理状态，有利于提高临场的表演效果及比赛水平。不过，对紧张情绪的脱敏需要较长的时间，以逐渐达到完全克服消极情绪的目的。

### （四）生物反馈训练

生物反馈训练又称“内脏学习”或“自主神经学习”，是利用现代电子设备对运动员的内脏活动进行反射性控制的一种训练方法，它可以显示运动员的内脏活动信息，使之与主观感受相联系，从而降低紧张的强度。生物反馈训练使运动员可以逐步体验某些心理状态之间的关系，姿势、方法和生理变化，从而促进内脏活动的控制，使所需的生理变化发展的方向符合篮球的特点。运动生物反馈训练的实施需要通过介绍、确认、模拟、转移和应用等五个阶段。运动生物反馈训练在调整篮球运动员情绪、消除紧张、降低运动员的焦虑、提高肌肉表现水平等方面均有积极的效果，它可改善机体器官的系统机能，提高其运动感知觉能力，矫正技术动作，促进动作技能的形成。

## 四、篮球运动员的比赛阶段心理素质训练

在比赛过程中，篮球运动员表现出来的心理特征主要指运动员在巨大的心理压力下，由于比赛而导致的情绪不稳定，出现了心理应激状态。比赛的形势瞬息万变，运动员的心理状态也会有所改变。一般来说，运动员良好的心理素质是比赛中占据优势的重要基础，如果运动员缺乏良好的心理素质，则其现场技术水平将无法正常发挥。在现实中，一支强队输给一支弱队是很常见的，这往往是由于心理准备不足。比赛情况和预期具有较大的差距，尤其是比分和对手相差过大时，经常会出现心理状态过于急躁，技术动作更不到位，最终失去了反败为胜的机会。作为运动员在比赛中经常产生想把球打好但又害怕失败的心理，导致动员在比赛过程中过于紧张，压力过大，对于整体比赛形式的判断失误，而且由于肌肉紧张，无法达到技术动作的要求。有一些运动员由于缺乏比赛经验，在比赛场上会产生心理上的变化，频频出现投篮失误的情况，这也是由于情绪变化导致技术层面的异常。

### （一）篮球运动员的赛前心理素质训练

在比赛前，要对球员进行一定的心理辅导和心理调整的训练。比赛过程中，不确定的客观因素较多，篮球运动员内心产生紧张和身体不协调，因此需要提升自己的心理素质和赛前心理辅导能力。

模拟训练主要模拟对手的技术和战术特点，例如，通过观看对手比赛的视频，或者教练掌握对手的信息和智力，并选择具有类似特征的球员与我队即将参加比赛的球员进行比赛练习。在对抗过程中随时向球员提问，前锋要回答对手擅长的战术打法；中锋要回答对手的进攻和防守特点；后卫要回答进攻和防守战术的变化，通过模仿，了解和适应对手，

做好充分的准备和心理稳定，从而增强战胜对手的信心。

化失败为胜利的模拟：当运动员落后时，模拟可以增强运动员化失败为胜利的信心。例如，比赛开始训练时，将比分设置为45∶60，要求得分较低的队员将失败转化为胜利，从而培养队员在比赛落后的情况下，冷静地战斗，争取胜利的心理能力。

在篮球比赛过程中，需要有效地调节运动员的心理状态，能够在比赛中充分发挥自身的技术水平，也能够按照战术要求进行相应的配合，正常发挥自己的水平。篮球运动在比赛过程中除了是身体素质和技术水平的比拼之外，也是一场心理素质的比拼。在比赛之前进行充分的训练，才能够让运动员在比赛过程中面对复杂的情况，不会分心，而是集中注意力，控制好自己的情绪，始终保持平和的状态，能够更为稳定地发挥自己的实际水平。

另外，运动员参加比赛的最终目的就是使竞技能力充分得到发挥，在比赛中获得最佳的竞技状态，取得优异的成绩。因此，在准备期心理训练时还应注意：①避免准备期出现过分激动、淡漠及盲目状态；②进行赛前模拟训练，安排相似的比赛现场，以提高心理表象适应能力；③越临近比赛越要注意训练中整体技术的练习，以强化整体概念，防止动作细节疑惑心理出现；④制定切实可行的比赛目标，树立正确的心理定式；⑤熟悉比赛环境，提高运动员自身比赛及对陌生因素的适应能力。

### （二）篮球运动员的赛中心理素质训练

篮球比赛不仅关乎智力、战略、体能、技术和战术，还关乎心理。比赛不同于训练，除了要承受更强的体能负荷，还要承受更强的心理负荷。在篮球比赛过程中进行心理训练，能够让赛前保持的最佳心理状态，在比赛中得以延续，结合比赛的实际情况来采取一系列的调整手段。有很多心理调整的过程中的竞争，比如对方的心理战术的变化，经常引起运动员的心理失调。在比赛中，如果双方的比分比较接近，那么对于运动员来说会造成极为严重的心理压力，这就需要教练员认识到这一情况，及时了解运动员的心理变化，从而采取一些心理调节手段。

比赛是对运动员体力和脑力的一种考验，运动员体力消耗较大，同时也有较大程度的精神消耗，尤其是和对手之间本身的实力相差无几，这时身心消耗更大，因此在比赛过程中需要注重利用间歇时间进行体力恢复和精神力的恢复。教练员要针对运动员的实际情况，采取一系列的手段来转移运动员的注意力，让运动员能够放松心理，避免受到比赛压力过大的影响，也能够更好地进行心理恢复训练，同时在最终比赛中取得胜利。

#### 1. 赛中心理训练的内容及方法

（1）维持稳定的心理状态，调节赛场激烈的气氛和运动员紧张的情绪。

（2）帮助运动员积累和分析比赛过程出现的新情况、新问题，同时修订和部署新的比赛行动对策与计划方案。

（3）重复技术动作重点和要求，使运动员在脑海中重复动作要领，凝聚注意力。

（4）调节呼吸，进行有意识的深呼吸，以腹式呼吸效果最好，以缓解紧张的情绪。

（5）静坐闭目，即将注意力集中在自身内部的感觉上，想象自己呼吸顺畅、心跳缓慢有节奏，以使心情逐步趋于平静。

（6）有意识地放松颈部、肩部肌肉，以消除紧张的情绪。

（7）积极地采用自我暗示的方法，如运用“镇定”“放松”“我的感觉不错”“现在一切正常”“我一定可以”“加油”等指示语，进行心理及肌肉组织的放松。

（8）采取某种运动员习惯的方法，进行消极思维阻断，让运动员保持平和的心态。

2. 赛中心理训练的注意事项

（1）运动员面对重要比赛时，处于较强的应激状态，注意范围变得狭小，从而非常容易遗忘比赛的重要信息，导致比赛失误。因此，应适当调整运动员的唤醒水平，控制好运动员的情绪，使其保持头脑冷静，思路清晰，避免在激烈的比赛中，出现动作技术消失、思维混乱或头脑一片空白的现象。

（2）教练员临场的指挥对运动员的发挥往往起着非常重要的作用。因此，教练员应首先控制好自己的情绪，以保证自己的决策正确，给队员心理支持。同时，教练员面对比赛过程中出现的突发情况时，要做到镇定自若，指导运动员学会掌握自己的思维，把思维的焦点放在对比赛有利的想法上，努力克服比赛中的不利因素，以发挥应有的水平。

（3）比赛中，运动员自己上场进行比赛，教练员所能给予的心理帮助是有限的。运动员要学会以积极的自我暗示来调节心理活动，鼓励自己，将自己的注意力集中在完成技术动作上，这对技战术的顺利完成有决定性的作用。

### （三）篮球运动员的赛后心理素质训练

篮球运动赛后恢复期心理训练是在比赛结束后，对篮球运动员所获得的比赛成绩，失利或取胜心理状态调节与恢复的方法，促进运动员对比赛结果形成客观及正确的认识。运动员在比赛之后，身体疲劳和心理疲劳同时存在，因此需要注重篮球运动员在比赛之后的心理调节。在比赛之后，心理调节的效果会影响到现场比赛的结果，也会影响到运动员的心理状态发展，更加会影响到运动员的人格发展。就这也需要明确，即使比赛结束，但是运动员的心理活动仍然没有结束，只是隐藏内心的直观变化，改变了其表现方式。没有发展到特定的程度，就无法真正地表现出来，一场比赛的结束，也是为下一场比赛的开始做的充分准备，因此教练员需要仔细观察运动员在比赛之后的心理状态，及时发现运动员的心理素质变化情况，并且采取有效的手段进行调整，要及时发现在比赛中可能存在的心理隐患，并且采取一定的手段进行消除，这样才能够通过有效的心理调节活动，确保下一场比赛运动员的身心健康。

1. 赛后恢复期心理训练的内容及方法

（1）全面的身体、技术和心理康复。在一场篮球比赛结束之后，无论是精神和体力都有着较大的消耗，身体缺乏必要的能量供应，相应的技术动作完成水平也会受到影响，对于战术的履行情况也会有所降低，因此在比赛之后需要进行全方位的恢复，不仅要做到身体素质的康复，还要进行一些心理康复训练。结合心理训练的基本方法，以及运动员的实际情况，选择针对性的心理康复手段，以保证运动员的心理健康。

具体而言，就是对运动员在赛场中所取得的成绩进行肯定，对其所存在的不足进行指出与分析，稳定运动员的心理情绪，保证运动员能够迅速恢复到良好的身心状态，运用各种心理调节方法对其进行恢复训练。对于在比赛中发挥不够好或者出现重大失误的运动员，要多进行正面的鼓励，消除其消极情绪，制订出具有针对性的心理疏导方案，以免其出现倦怠、自信心下降甚至更加严重的心理问题。对于在篮球比赛中取胜的运动员要充分肯定其成绩，及时总结经验，将其树立为大家的榜样，但要避免使运动员产生骄傲自满的情绪，使其积极投入到接下来的比赛和训练中，以取得更高的成绩。

（2）比赛后释放紧张情绪。伴随比赛而来的体育紧张并没有随着比赛的结束而消失。这种紧张的负面影响是显而易见的，因为它在很长一段时间内不能恢复正常（或仍处于自我陶醉状态），从而继续消耗运动员的体力和脑力。为了解决比赛后的紧张，可以放松，转移注意力，改变认识等。总之，我们应该采取有意识的心理训练措施和方法，而不是放任自流。

（3）游戏后自我形象的提升。在篮球比赛中，运动员会根据比赛的实际状况而有所变化。在取得比赛的胜利时，运动员经常会认为自己的综合实力过高，对于自己有着比实际水平更高的认知。而且也很容易用理想中的自己来代替实际水平。比赛失利的时候，由于失败的打击会影响自己的形象认知，很难对自己的水平进行客观的评价，经常会过于贬低自己。在比赛之后需要进行自我形象的修复，尤其是要保持心理的客观状态。保持心理素质的平和，这样才能更好地进行自我认知，消除由于失败或成功带来的影响。自我认知上需要认识到自己的优势和缺点，能够不断地发挥优势，也能够在训练和比赛过程中有意识地改正自己的缺点，同时在实际比赛中也可以树立自身的形象发展目标，这样能够确保运动员的心理处于积极乐观状态。教练员可以引领运动员借助想象训练法来进行自我形象的塑造。运动员要注重自我形象的内在表现，也要注重自我形象的修复。

2. 赛后恢复期心理训练的注意事项

（1）正确看待胜负，迅速消除比赛成绩带来的消极心理，防止失败者气馁、优胜者骄傲。

（2）通过语言诱导和放松训练等方法，对运动员进行心理调节，使其快速消除比赛结束后的紧张情绪。

（3）强化自信心。找出成功者的不足，防止虚假心态的发展；找出失败者的优势，防止自我贬抑，并明确今后的比赛目标及努力方向。

篮球运动的心理训练，是一个广阔的领域，其运用范围广泛，不仅适合竞技性篮球运动员，也适合选修、专修篮球课程的学生。在选择时，要因势利导、因地制宜，合理、灵活地运用心理训练，如此才能取得事半功倍的效果。

# 第六章　互联网背景下高校篮球教学与训练的创新应用

## 第一节　微课程在高校篮球教学中的实践应用

“篮球教学符合我国体育教学的目标。通过篮球教学，不仅能够使学生获得运动技能，更是为了让学生在日常生活锻炼中对运动技能灵活应用，从而达到学生增强体质的目标，提高学生的综合素质。微课的出现，在短时间内获得教师的认可，是有其一定的原因的。”① 微课也称为微课程，是微型视频课程的简称，主要指的是通过文字、图片、音乐等要素的运用，组合成一个短视频来为观看者呈现某一个学科知识点的教学方式。它是随着信息技术的不断发展而逐步产生的一种新型教学模式。将微课教学模式运用于高校篮球课程教学中，对于学生学习兴趣、综合能力培养以及课堂教学效率的提升都具有非常重要的作用。

### 一、微课程的设计原则与流程

#### （一）微课程的设计原则

1. 科学性原则

任何学科的微课程设计与研究都必须依托相应的学科特性，以实际的教学内容为具体依据，符合学科的科学性原则。高校篮球微课程的设计应依据篮球学科基础特性进行制作研究。以贯彻体育学科精神为本，根据篮球学科的教学特点选择实际教学内容，科学地设计并开发符合学生需求的优秀篮球教学课程，以供学习者和研究者学习参考。

2. 基础性原则

基础性原则指在篮球微课程技术教学点的选择时要注重技术动作的基础性，选择难度不大却实用性较强的基础技术动作去设计。虽然微课程主要内容讲解的是每堂课中的重难

① 陈烨. 微课在高校篮球教学中应用的可行性探析［J］. 运动，2015（22）：93.

点知识，但是由于微课程视频短小，时长较短，视频能够讲解的内容始终是有限的。微课程应选择较为基础、简单的知识点。在选择技术点时要侧重于篮球的基础性技术动作，在学习篮球之前，学生也应该对篮球的主要特征和相关的篮球竞赛规则有所了解。现阶段许多高校篮球教学都侧重于技术动作的学习，往往忽略了理论知识，在微课程中加入基础理论也能节省课堂上的教学以及练习时间，教师可以将这些知识点制作成微课程让学生课下学习，这不仅能够提高教学效率，也能够提高学生的学习兴趣。

3. 学生主体性原则

在高校篮球教学微课程的设计过程中把学生放在第一位，强调学生的主体地位，以学生的自身特点去分析，关注学生的主体性，以学习者为中心进行制作设计。

### （二）微课程的设计流程

1. 确定选题

高校篮球教学微课程在选题过程中要注意教学内容、教学效果是否突出。一个好的篮球教学微课程都有一个突出的主题和明确的目标，所以在教学内容的选择上要符合实际情况。在内容选择上要与授课对象相结合，分析他们篮球技术的水平特点和上课情况，去选择适合他们的动作技术，在选择授课内容时要考虑所选的技术动作是否是篮球教学内容的基础；篮球微观课程在选择技术动作内容时应尽可能准确，符合学生特点和教学大纲。

2. 设计脚本

确定篮球微课程选题过后，接下来就是对于脚本的设计，在设计脚本之前要根据所选的教学内容，把一整堂课的教学流程、教学方案、教学步骤给设计好，并从教学内容、讲稿内容、时间分布等方面组织剧本的编写。实际上，脚本设计就是以文字的形式记录制作微课程的思想、内容和过程，以便于后期的制作。要制作微课程之前首先要把脚本给设计好，首先根据要授课的教学内容制作出教案和整个教学环节。整合以上内容在脚本编写过程中要注意各个环节要素之间的联系，注意在每个要素编写时所需要的时间。脚本设计实际上是把一堂微课程的整个教学流程、教学计划、教学过程用文字的形式记录到微课程视频里。脚本编辑之前要把所需要的素材准备好，注意各个素材之间的关联性，这样安排就能够很好地完成一堂课的授课进程。

3. 选择方式

微课程的制作分为四种类型：录屏型、拍摄型、电脑软件制作型、上述三种的混合型。制作者可以根据不同的授课内容来选择合适的制作方式。

制作录制视频型微课程时要利用一些摄像录屏软件，制作原理是在教师的讲解相应的课件演示过程时进行同步录制所得。例如我们经常都会用到的 PPT，这就是录屏型微课的一种。

拍摄型微课程对录像拍摄功能的设备硬件要求较高，主要运用摄像机、无线的麦克风、不同类型的视频编辑剪辑软件。在此基础上需要先选择拍摄的类型，课堂拍摄还是专业的教室拍摄，室内还是室外的场地拍摄都要依据事先准备好的脚本，按照脚本要求根据所要拍摄的教学内容来进行的。拍摄制作时所选择的场地、器材、设备都要符合学生学习的特点需求，在制作拍摄类微课程的时候，重点强调突出拍摄微课程的场景的真实性，让学生体会到身临其境的感觉，把学生带入场景之中便于学生观看和学习。拍摄类微课程运用较为广泛但在实际制作过程中有很多因素的干扰，如场地问题、噪音光线问题、拍摄大型课程所需要的资金问题等；同时在后期运用编辑剪辑软件时所需要的技术方面的问题还需要借助一些专业技术人员、团队、设备进行辅助完成。

运用电脑软件制作微型课程，主要是利用计算机、Flash 等软件把事先准备好的素材应用相关专业知识进行合成制作，以专业技术手段合成制作教学视频。电脑软件制作微课程相对较复杂，过程较为烦琐，同时对一些计算机相关专业知识和操作水平要求较高。如一些动画设计类微课程需要运用二维或者三维的动画制作软件来完成，再例如一些抽象的数字模型、一些宏观微观的知识点等也需要运用该技术。

混合型微课程是将上述三种制作方式进行融合而制作出来的微课程。

4. 准备素材

微课程制作素材的准备是关键，一节完整的微课程是由许许多多的素材给链接起来的。一节微课程包括相关的文字叙述、讲解声音输入、相对应的技术动作图片、整个过程中的录像等。篮球微课程对于上述的一些素材准备就有较高的要求，如录像素材画面是否清晰、录入的动作讲解是否到位、文字图片是否简洁，包括图画清晰度，内容选择是否恰当，不应有重复；声音上要铿锵有力、洪亮、吐字清晰并避免杂音干扰。

5. 进行制作

制作环节是微课程至关重要的部分。在制作时根据前期选择好的授课内容，把准备好的相关素材根据脚本所设计的授课步骤，最后结合篮球教学授课的方法，根据授课对象、授课内容、授课方法的要求利用相关的制作视频的剪辑编辑软件选择合理的制作手段来完成。另外还要注意，在制作过程中要把握好各个教学部分所占用的时间，注意一节课的重难点的突出等。制作中，把一节课的重难点做标记，同时对文字、语言或者图片描述时避免错误、不精准、口语化的内容；注意细微技术点的选择，一般在 5~6 分钟内包含一整节课的内容。

6. 后期处理

后期处理是对已经制作好的微课程做进一步修饰，主要是对微课程出现的一些问题进行改错，把不到位的地方进行重新编辑。后期的加工处理主要是根据微课程设计过程中所需要的一些配图、标注和字幕的添加等，对微课程的片头进行引入，在片尾部分进行总结。最后把修饰过的微课程视频按照相对应的格式进行导出直至成为完整的微课程视频。

## 二、高校篮球教学中微课程的应用原则与流程

### （一）微课程的应用原则

第一，理论实践相结合原则。高校篮球微课程的设计制作与应用需要以篮球学科的教学现状为前提进行分析，并结合篮球教学实践在此前提下所产生的。理论结合实践是对篮球微课程实践的基础，只有理论没有实践是行不通的，同样，如果设计的篮球微课程不能应用到教学过程中，脱离了实际教学活动，就失去了设计制作与应用的意义。

第二，借助平台实施原则。高校篮球教学微课程在实施过程中，教师可以借助网络平台、微信公众平台、QQ 群等方式把制作好的微课程发放给学生。教师和学生要通过这些平台进行交流互动，利用平台解决在学习过程中出现的一些问题。

第三，适时调整运用原则。高校篮球微课程教学运用方式需要有一定的针对性，因此在篮球微课程的设计初期，就首先要考虑其运用的方式。根据学生特点、教学内容等适时调整微课程的运用方式，本次微课程授课的方式是提前让学生在课余时间去学习微课程，课上去练习的模式，这样不仅能提高学习者的学习效果、学习效率，还能提高学生整合知识的能力。

### （二）微课程的应用流程

在高校篮球微课程的设计流程中提到，篮球微课程所采用的是学生自主学习的流程。高校篮球微课程的课程特点符合这一流程，在篮球微课程的应用阶段也有相应的应用模式，应用模式的流程具体如下：

第一，制作好的微课程通过事先建立好的微信群发送给学生，学生观看过后，在微信群聊这个平台和教师进行及时的交流沟通，也可以进行微型的学习把出现的问题反馈给教师，还可以对学习内容进行点评，教师可以相互沟通进行合作教研活动等。在接受上述的

学习、反馈、点评等过程后，融合这些建议来对微课程做进一步的优化与完善，尤其是学生的意见和反馈尤为重要。社交网络全覆盖和普及的全面加深使得这样的网络平台越来越多，几个大家都常用的软件如微信交流群、QQ 群、视频播放 APP 等。这些网络平台有着普遍性较高，操作起来简单，运用起来方便等特点，促进教师与学生随时随地进行沟通与交流。

第二，篮球术科课的教学都是在篮球场进行的，场地环境不利于多媒体的播放，这就使得学生只能在课下提前去学习一节课的内容。教师在每次课后都会对下一节课的内容进行延伸，或多或少地要求学生去对下次课内容有所了解达到提前预习的效果，因此微课程的学习模式十分适合篮球微课程的实施。教师提前安排学生在课前先了解本次课的教学内容，在课堂上就能非常有针对性地去对动作的重难点去教学。这种学习应用模式对提高学生的学习积极性，提高学习效率有很大帮助。而教师在课堂上对学生的纠正改错也间接地促进学生对动作技术的掌握程度和学习效果的好坏，而教师的点评纠错辅导也使得学生有很大进步。相比传统教学模式下教师的工作仅是按课程计划去备课，学生能在网络平台上对课程所存的疑惑或问题能及时反馈给教师，方便学生提问。而教师也能够根据网络平台上学生的提问和反馈及时做出回答，也可以把学生提出较为普遍或者抽象难以理解的问题留在课堂上去针对讲解。

第三，篮球微课程的应用过程中，教师把制作好的微课程发送给学生，学生提前进行课程内容的学习。在课堂上学生进行本次篮球课的训练，授课教师在一旁观察纠错，并对有错误或不规范的动作、注意力不集中的学生积极进行指导纠错与沟通。这种类似“混合式”的学习模式，结合篮球课自身的特点使得篮球微课程在实施应用的过程中很适合这种模式。篮球术科课的主要教学内容以身体练习和技能学习为主要的学科，在篮球课教学过程中学生的技术特点、技能水平、学习动作的能力都有所不同，这就对教师的指导纠错要求较多。

第四，在篮球微课程的教学过程中，对于课堂时间的运用非常充分。学生拥有大量时间去有针对地练习技术动作，教师把一些时间放在针对学生的个别指导以及解答纠错上，符合篮球教学过程讲求的“精讲多练”，学生的身体条件、身体素质、练习时间、学习理解等方面的差异，使得学生对动作的学习和掌握动作进程的能力有所不同，教师在微课程教学模式下有大量时间对学生进行针对性指导，大大促进了学生对技术动作的掌握能力和理解速度。

## 三、高校篮球教学中微课程的应用要点与表现

### （一）微课程的应用要点

在高校篮球教学中，微课程“在了解学生学习特点的基础上，整合体育教学知识，针对性地落实微课程理念，以此构建全新的教学环境，解决以往体育教学涌现出的各类问题，促使微课程在教学中展现出应有价值，进而实现预期设定的教学目标”。① 而篮球教学微课程技术动作教学的特点与其他学科更有所不同，所以更应该注意以下方面：

第一，处理好篮球课和微课程的关系。无论是篮球课还是微课程都要遵循一堂课的教学流程，不能本末倒置使微课程超过教师的地位，更不能把教学的所有环节取代。目前篮球课的教学模式仍然以教师的集体传授学生知识为主，这就限制削弱了学生的自主学习和探究知识的能力，表现在学生对教师的依赖性较大。基于上述问题，微课程教学模式只是在教师教学过程中的辅助手段，用来提高学生的学习兴趣，培养学生主动学习的能力。

第二，区分教师、学生在微课程的角色。区别于传统教学模式，微课程模式下教师的地位更加显著。在传统教学模式下，教师与学生是授予知识与接纳知识的关系，而在篮球微课程教学模式下学生首先能够提前完成对新动作技术的了解学习，在课上教师留给更多的学生去练习技术动作，更合理地利用课堂时间，去引导学生发挥自身的主动性，主动地去学习克服出现的难题。微课程模式下的教学环节都是以学生为主体，强调学生的主体地位。与此同时，学生也能转变角色，从以往的被动接纳知识到现在的主动去学习，遇到问题及时地提出，学生真正意义上成为学习的主导者。

### （二）微课程的应用表现

#### 1. 课前预习

在高校篮球课程教学中，课前预习活动在整个课堂教学活动中发挥着非常重要的作用，因此教师应该予以充分重视。因此，教师在正式开展篮球课程教学活动之前，可以利用微课程的方式组织学生进行课前预习，积极制作课前预习课件，主要包含本节课的教学目标、教学重点、教学难点以及将会开展的其他一些活动等内容。然后教师将制作好的预习课件发送到班级微信群或者 QQ 群中，要求学生自主下载并观看预习课件，同时还要做好相应的预习记录，将自己在预习过程中所遇到的各种问题总结记录，并通过微信、QQ

---

① 袁炜煜，赵志鹏. 微课程在高校体育教学中的应用研究［J］. 西部素质教育，2019，5（05）：140.

等将问题反馈给教师，而教师则可以根据学生在预习过程中所提供的反馈信息对自身的教学方案进行优化与调整，根据学生在预习过程中所存在的各种问题及其预习情况对教学活动进行科学合理的规划设计。

通过对预习课件的制作，能够帮助学生通过微课视频对本节课的教学内容进行提前了解，并做好足够的心理准备，同时也能对本节课中的重难点进行充分了解，了解自己存在问题的地方，以便于在后续的课堂中能够认真听从教师的讲解，以针对性地解决自己在课堂中的各种问题，进而实现学习效率的提升。如此一来，既有利于学生自主学习能力的培养，同时也有利于教师根据学生的实际情况进行针对性教学。

#### 2. 制作高质量课件

要想充分发挥微课程教学的优势与作用，教师应该充分重视课件的编制与设计。在此过程中，教师应该充分重视学生的主体性，在教学活动设计、教学方法与教学内容的选择方面都要围绕学生这一主体。在制作教学课件的过程中应该充分考虑到学生的基本需要以及其他各方面实际情况，如此才能更好地激发学生的学习兴趣，进而助力于课堂教学效率的提高。

例如，在开展篮球技术实践教学的过程中，传统的教学模式中，通常由教师对篮球运动技术动作进行讲解与示范，但是这并不利于学生兴趣的激发，因此，可以利用微课程教学法向学生传授篮球运动的技术动作，教师可以利用智能手机拍摄记录篮球比赛过程，也可以拍摄学生在平时进行训练过程中的细节，然后对这些视频进行适当的加工与处理，并将其融入教学课件中，以便于在篮球技术实践教学中向学生播放、展示这些视频内容，并配以适当的讲解，引导学生对篮球运动的相关技术动作进行比较与分析，使其对一些不规范的技术动作形成正确的认识，以便于在之后的训练中更加注意。

#### 3. 促进课堂教学互动

在微课程教学中，教师还应该注重教学活动中自身与学生、学生与学生之间的有效互动。要求学生在观看完微课程视频之后，对自身存在的问题、疑惑进行表达，然后由全班同学进行答疑解惑，在此过程中，教师可以为学生提供适当的指点，以便于学生能够更好地参加篮球技术训练。另外，教师也可以组织学生通过小组合作的方式开展篮球技术训练活动，针对学生在训练过程中所存在的各种问题进行讲解与指导，使学生能够清楚地认识到自身所存在的不足之处，并在之后的练习中进行不断改正与强化训练，进而实现篮球运动技能的逐步提升。除此之外，教师应该善于利用多媒体技术来辅助篮球课堂教学活动的进行，在对一些高难度技术动作进行讲解的过程中，可以利用多媒体技术对其进行分解展示与讲解，以便于学生对篮球技术动作形成更加准确的理解与深刻的记忆。

4. 开展课堂教学评价

课堂教学评价也是微课程教学中十分重要的一个环节，客观公正的评价对于教学效率的进一步提升有着至关重要的作用。因此，教师应该结合学生的各方面实际情况，科学开展教学评价活动，使学生对自身的优点与缺点进行充分明确的认识，并使其在今后的学习中针对性地改善自身所存在的各种问题。总的来讲，教师在开展评价活动的过程中，可以以线上评价为主，通过一对一的方式对学生的学习效果、学习态度、进步幅度等进行综合性评价，然后将评价结果在线发送给学生，同时还要注意合理使用评价语，要以鼓励性评价与指导性评价为主，既有利于增加学生的学习信心，又能够为学生之后的学习提供具有针对性的指导意见，使学生在今后的学习中能够明确自身的学习方向与学习重点，并有利于其体验到篮球学习过程中所带来的成就感。

## 第二节　虚拟现实技术在高校篮球教学中的应用

计算机科学技术是当前我国教育领域中使用的一项非常重要的技术，在学校教育发展中扮演着非常重要的角色。随着我国科学信息技术的不断进步，虚拟现实技术应运而生，它主要包括网络技术、智能技术、传感技术以及计算机图形处理技术等多种科学技术，虚拟现实技术是主要对现实和具体事物进行模拟，帮助人们使用身体的多种感官接受更具多元化表现形式的信息，既实现了人与计算机之间的交互，也加速了人们生活的信息化。虚拟现实技术有非常明显的沉浸性、多感知性、交互性以及想象性等特点。该技术在高校篮球教学中的应用使得课堂教学更加生动逼真，使得教学方式得到更新，不仅提高了现阶段高校篮球教学的效果，也对以后的高校教育产生了非常深远的积极意义。

### 一、虚拟现实技术的基本认知

虚拟现实技术的主要概念是指虚拟现实技术在计算机技术、人工智能技术、传感技术以及人机交互技术的辅助之下，运用计算机生成一定的三维图像从而模拟人的感觉，把人对世界的各种感官感受运用计算机显现出来，从而实现人们的虚拟世界的体验。虚拟现实技术主要呈现以下特征：

第一，自主性，就是指某种失重现象。既在虚拟现实环境中，各种事物的运行机制主要遵循失重状态下物体运行的规律，也就是说，许多物体在受到外界力量的作用下，他们自身原来的运行机制都会发生改变。

第二，虚拟现实技术呈现多感知性，这就是指在虚拟现实环境下，人体的各种感官感觉并不会消失，他们的各种感官依然存在并使得人们有置身其中的感觉。

第三，虚拟现实技术呈现交互性，即虚拟现实技术有一定的人际交互功能，参与者与操作者能够通过计算机虚拟技术进行沟通交流，也可以帮助参与者通过计算机虚拟技术感知某种内容，例如参与者可以通过手来感知物体的重量，从而实现物体的运动。

第四，虚拟现实技术呈现沉浸性，虚拟现实技术通过计算机技术给人创设更加立体的三维图像，这种三维图像完全符合人的感官感觉特征以及他们的某种心理特征，这能够帮助人们在计算机虚拟世界中感受得到真实现实世界带给他们的感官感觉，从而实现与世界的交流与互动。

## 二、虚拟现实技术在篮球教学中的价值

### （一）丰富教学资源，提高教学质量

虚拟现实技术在高校篮球教学中的应用是丰富当前教学资源的主要途径，从前的高校篮球教学主要以教师和学生在实际篮球场中的教学为主，课堂教学除了教师的语言与一颗篮球，没有多余的学习资源。虚拟现实技术在教育领域中的应用突破了当前高校传统的体育教学方式，更新了篮球教学方式，拓宽了学生学习的渠道，实现了高校篮球教学的多样化。例如：教师可以使用虚拟现实技术制作篮球教学课件、实施模拟操作课程以及进行网络远程教学，这种方式不仅促进了当代教育改革的步伐，更是提升了当前高校篮球教学的教学质量，促进了学生的全面发展。

### （二）激发学生兴趣，提升学习效率

传统的高校篮球教学主要以教师的课前讲解以及学生在课堂中的自主练习为主，这种教学方法不仅无法激发学生的学习兴趣，也会影响学生的发展，一些学习主动性较小的学生在课堂教学中就忽视动作技能的学习，经常逃避训练，而将虚拟现实技术应用到课堂教学之中，教师可以根据学生和学校的发展情况以及新课程标准，利用现实虚拟技术选择适当的内容进行教学，实现对学生的因材施教，鼓励学生主动进行动作技能的学习，实现高效篮球课堂教学的一对一学习，并且帮助学生通过虚拟现实技术与教师进行有效沟通，从而激发学生的学习兴趣，提高学生的学习效率。

### （三）创设教学情境，促进知识迁移

在传统高校篮球教学中，课堂教学一般采用以教师为主体，学生为客体的教学模式，这种教学模式使得教师成为课堂教学的中心，教学活动围绕教师展开，学生通常扮演着倾

听者的角色，课堂教学缺少一定的教学情境，学生的学习只能靠教师的讲解和自己的练习，对于学生的知识迁移没有很大的帮助。虚拟现实技术是通过计算机虚拟现实技术为教学提供一种模拟的教学环境。虚拟现实技术在高校篮球教学中应用可以给学生提供虚拟的学习环境，给学生的学习提供一种真实的教学体验，为学生创设比较真实的学习情境，帮助学生在虚拟现实情境中实现知识的迁移，更好地完成学习任务。

## 三、虚拟现实技术在篮球教学中的实践

### （一）理论课程教学的应用

虚拟现实技术在高校篮球理论课程教学中的应用，实现了将理论知识和计算机现实技术的有效融合，促进了理论课程教学在高校篮球教学中的有效开展。虚拟现实技术在篮球教学中的应用可以为学生提供更加生动逼真的课堂教学环境，使学生不再依靠教师的口头讲解或者录像来理解理论课程知识，虚拟现实技术制作精美的课堂教学课件，通过这种课堂教学课件，学生可以更加生动真实地接受理论知识的教学，更加全方位地观察篮球技巧动作，实现学生对课程理论知识的明确理解。教师还可以通过虚拟现实技术为学生建立数据库，可以给学生提供网上选择篮球课、查询篮球教学资料、篮球锻炼方法、创建高校篮球竞赛活动以及了解国内外篮球体育资讯等机会，提高学生对篮球的理论课程知识以及相关知识的理解，促进学生体育思想的形成，养成良好的体育锻炼习惯，也能够在促进高校篮球教学进程的同时提升高校篮球教学质量。

### （二）实践课程教学的应用

虚拟现实技术可以为学生提供一种比较虚拟的交互式的学习空间，可以帮助学生在这种虚拟的学习环境中进行更加系统化的训练。如果高校篮球教学能够为学生提供一种安全舒适的训练环境，学生能够全身心地投入到课堂技能训练当中，使学生更好地掌握篮球训练技能。同时，虚拟现实技术为学生提供更加真实而不同的教学环境，实现学生从不同方面的实践练习，找到自身学习中存在的问题，进行更加有针对性的训练，从而提升学生的学习效率。

虚拟现实技术同时可以帮助教师在教学中针对某个球队的战术、打法进行有效分析与模拟，帮助学生进行更加适应性的训练，有利于提高学生对篮球竞赛的认识。例如虚拟现实技术可以为篮球教学提供一种生动形象的篮球场馆，并用录像和图片进行动作讲解和动作示范，这样学生不仅可以自主选择学习进度，针对学习重点和自身存在的问题与教师进行及时的沟通，从而帮助学生进行更加规范化的学习。

此外，虚拟现实技术可以帮助学生进行反复的技能学习，对篮球技巧动作的顺序和力度进行调节，更加明确地了解篮球动作技巧和战术策略，确保学生有效掌握实践技能。

### （三）网络远程教学的应用

计算机网络远程教学是一种新型的教学手段，能够促进教师与学生之间沟通的同时提高课堂教学质量。高校篮球课程是一种实践性较强的课程，在教学中受教学空间和时间的限制，导致很多高校无法更好地开展高校篮球教学课程，给学生的篮球学习带来了很大的阻碍。虚拟现实技术在高校篮球教学中的应用实现了计算机技术与篮球教学的有效结合，实现了篮球教学在网络中教学的可能性。虚拟现实技术在篮球教学中的应用作为一种新型的体育教学手段，使得篮球教学不再受教学空间和时间的限制，实现交互式、沉浸式与分布式的教学。虚拟现实技术能够为教师提供更多的网络课程资源的同时，还能帮助学校建立网络远程教学软件，实现教师与学生之间的及时有效的沟通，从而提高课堂教学质量。

随着我国信息技术的不断进步，虚拟现实技术在高校篮球教学中发挥着越来越重要的作用，虚拟现实技术在篮球教学中可以激发学生的学习兴趣，发挥学生的主动性，通过模拟教学环境，使学生能够更加有效地掌握篮球实践技能。同时，虚拟现实技术在高校篮球教学中的应用可以避免学生在强烈的运动中有可能发生的伤害，能够使学生在更加安全的环境中进行有针对性的学习，从而提高教学效率。

# 第三节　新媒体背景下高校篮球教学模式的创新应用

## 一、新媒体的特点与形态

### （一）新媒体的基本特点

1. 海量性

21 世纪是信息爆炸的时代，媒体对社会的发展产生重要的影响作用。信息传播海量性是互联网时代下媒体传播的独有特点，从技术角度看这一切都归功于互联网技术和数字化技术，互联网空间上的无限性使信息只在时间轴上形成覆盖，但在空间线上形成堆砌，每分每秒信息都在急剧增加，所以空间上信息海量还在递增。另外数字化技术让世界四个维度的信息都可以经过数字化处理而传播，理论上依托数字化技术的新媒体就具有了信息资源的无限丰富性。再者带宽的增加，为海量信息的传播提供载体，如果说互联网平台和数字化技术是个大仓库可以让信息进行海量存储，那么互联网带宽就相当于运输工具，可以帮助海量信息传输。

2. 多媒体化

媒介融合已经成为当前媒体发展的基本态势，传统媒体在新媒体的发展下走向转型。基于网络的新媒体是超文本的传播方式，纸媒以字符为基本单位，广播以电波频率为基本单位，电视以帧速率为基本单位，而新媒体以节点为基本单位，节点是由文本、图像、声音、画面等共同组合而成的，因此新媒体和传统媒体并不是一个维度的事物。这种传输的差别在于过去纸媒传播文字和图片，广播传播声音，电视传播声画，而新媒体传播的是多媒体内容。

新媒体环境下，媒体将受众视作客户，提供最优质的服务，这种优质不仅仅在于内容质量，声画是信息最丰富的形式，在公众适合的条件下选择最优接受方式，才可以算作最优质服务。

3. 互动化

互动特点是新型媒体的标志，是新兴媒体到新型媒体的一次质的飞跃。互动性改变了传统媒体“点对点”“点对面”的固定传输方式，这种传播方式下信息传达以时间为轴呈线性传播，公众的态度只能通过事后的民意调查和收视率等来反馈。

新媒体采用双向传输，信息是权利双方的互相转化，传授身份不再一成不变，曾经的传输方发现接受公众的反馈会利于其良性发展，并且公众生产信息可以帮助传输方内容的丰富，而曾经的接收方主体意识也在增强，发现参与到信息生产中也是对自己生存媒介环境的打造，就会积极主动地参与其中。这种互动循环圈形成的是自发的良性互动，不同于之前的民意反馈，传者欣然接受并重视，收者主动参与并献策，双方有来有往，循环往复又相辅相成。

信息传播的互动性也是“重回村落化”的一个体现，口语社会的交流是双向传播，即使是“点对面”的传播，“面”的表情、情绪都能形成对点的反馈，而且“面”之间会形成小声互动交流。随着媒介的发展互动在弱化，书信的互动只有在接受方回复后才能形成，且互动受制于文字效果不佳，从印刷品开始媒介就已经形成单向度，无论书籍、报纸，或是电台、电视，传播一直是传和受的单向关系。因此互联网时代后的互动性打开了“重回村落化”的通道，这对信息的有效传播起到重要作用。

随着信息的传播，个人脑海中的图像是一个更新过程，当接收到的信息与既有图像不符时，开始会先排斥、再协调、最后有可能接受。而单向传播过程中出现图像排斥时，受众无法和传播主体产生沟通（有极少的读者，电视观众会给传播主体写受众信），所以传播的效果大打折扣。

以数据算法推荐为例，运营方重视公众的收视习惯，大到公众信息选择倾向，小到各时段兴趣选择，公众独到之处，眼睛停留时间都成为运营方收集到的反馈，根据后台算法整理，最终依据公众喜好为公众提供源源不断的私人定制服务。公众也乐于通过自己的行为暗示运营商如何进行满意的信息提供，获取更佳的公众体验。在这个流动性的过程中，运营商源源不断地接受公众数据，提供公众感兴趣的信息，公众通过行动反馈来获得越来越好的服务，双方互动频繁，相辅相成。即使有“信息茧房”的弊端出现，但运营商意兴在此，而公众也全然不知。

4. 虚拟化

信息传播的虚拟化主要指传播内容，虚拟现实技术在新媒体上的应用即是此类。能进行虚拟化的前提是信息的可篡改，这又要归功于数字化技术，数字化技术下的二进制编码让信息可以轻易复制修改，基于一批软件才可以辅助视觉信息制作出各类虚拟影像及特效，常见的如新闻中的虚拟演播间、好莱坞大片中的华丽特效、网络游戏中的虚拟场景等。

虚拟化优化的是信息传播中的公众体验，以新闻中对于犯罪案件的报道为例，对于犯罪案件的报道往往是事后信息的采集，很少能巧妙地撞上，所以犯罪类新闻通常会用案件有关的空镜头配上文字描述。当然随着“公民记者”的出现，公民素材的使用率越来越高，但遇上类似于抢劫等难以取证的素材时，虚拟画面新闻的优势就凸显了，通过虚拟案件经过的全过程，可实现声画同步，增加信息传播的质量，带给公众更多的体验。

总之，新媒体的传播特点无论是新兴出现的“数字化”“互动性”，还是基于原有特点进行升级优化的“跨时空”“个性化”所体现的都是作为新型传播载体来为公众提供最优质的信息服务。

在不同研究者的眼中，新媒体往往呈现出不同的特点，这一方面是由于观察视角的不同；另一方面则在于新媒体的动态发展。

### （二）新媒体的主要形态

媒介形态研究一直是媒介研究的一个重要取向。伴随着网络与数字技术的快速发展，新媒体的形态也日益丰富多彩，甚至不同形态的新媒体之间出现了交叉与融合的现象，媒体形态的界限也逐渐模糊。因此，对新媒体形态的划分并不是一件简单的事情。这里采取的是一种较为普遍和易于接受的划分。

第一，移动媒体。移动媒体在广义上是指用户使用手机、平板电脑、掌上电脑等数字移动终端，通过移动网络获取移动通信网络服务和互联网服务；在狭义上是指用户使用手机终端，通过移动网络浏览互联网站和手机网站，获取多媒体、定制信息等其他数据服务和信息服务。

第二，网络媒体。网络媒体的定义有广义和狭义之分，广义上的网络媒体是指遵循TCP/IP协议传送数字化信息的计算机通信网络；狭义上的网络媒体是指通过互联网传播新闻信息的发布平台。网络媒体是最早出现同时也是最重要的新媒体形态，主要包括两种类型：①原生的网络新媒体，目前主要包括门户网站、搜索引擎、即时通信、网络社区、网络视频、网络游戏、博客、微博等。从功能而言，它们扮演着新闻信息传播、信息搜索、娱乐、社交等多种功能，并且出现网络媒体形态功能融合性的发展趋势，即某一网络媒体同时具备多种媒介功能。②上网媒体。即将传统媒体的内容照搬和移植到互联网上，如早期的网络报纸、网络广播和网络电视。不过，发展到后来，由于充分理解和吸收了新媒体的特点，这些“上网媒体”改变了早期简单复制的模式，因此，我们也将其纳入网络媒体的范畴。

第三，数字化媒体。数字化媒体是指传统媒体通过数字化转型、改造和升级后形成的媒体。由于经过数字化变革之后，这些传统媒体生成和具备了新媒体的基本特质——数字化和互动性，所以，我们也将之纳入新媒体的范畴。在媒体行业大军中，数字化媒体是新媒体形态的重要构成方式，基本包括数字化报刊、数字化广播和数字化电视。

## 二、新媒体对高校篮球教学的意义

篮球运动是一项展示个人与团体的力与美，个人技能与团体技能的融合与跃升、形体面貌与精神气质的综合体现，具竞技性和运动性的体育活动。不仅深受高校学生的喜爱，在大众运动和企事业单位活动中也有着广泛的群众基础。体育教育是终身教育，而基于新媒体的篮球教育，不仅可以适应互联网时代的高校体育教育场景，激发学生兴趣，提高教学质量，同时也可以将篮球教育延伸到校园以外，毕业以后。新媒体不仅是为篮球教育，更是为大众体育教育的终身教育提供了平台，为体育文化的高效和广泛的传播提供了载体。而高校篮球课程，在力与美同个人与集体质能、形体与精神气质融合中，插上新媒体这一现代科技翅膀，无疑会使高校篮球课程改革跃上新高度。

体育教师要紧跟时代步伐，努力提高自身素养；充分发挥学生的主体作用和教师的主导作用，倡导开放式、探究式教学，拓展体育课程的时间和空间；充分利用各种媒体充实更新课程内容。高校篮球教师可在互联网中轻易获取大量篮球视频、动画、图片；特别是微信公众号、抖音短视频等自媒体平台的大量兴起和操作运营的简单易行，也使高校篮球教师探索实践新媒体教学、落实纲要中的指导意见成为可能。

相对于传统高校篮球教学模式，新媒体教学还具备以下优势：

第一，可重复性，新媒体教学材料可重复阅读和播放，便于学生了解掌握。

第二，碎片化，这既包括知识点的碎片化教学，也包括学生利用碎片化时间进行学习。

第三，趣味性，教师可以搜集篮球相关的明星趣闻、赛场趣事、花式篮球等趣味性内容分享给学生，以提高学生对篮球的兴趣。

第四，互动性，通过建立微信群不仅便于实时与学生互动交流，也利于通过微信群传播新媒体教学内容。

第五，粉丝效应，篮球教师通过新媒体平台将自己打造成网络红人，这不仅更容易获得学生的关注和喜欢，同时也更利于篮球技术和篮球文化的传播。

## 三、高校篮球教学中新媒体的创新应用

### （一）新媒体教学模式

基于“微信公众号+抖音短视频+学生微信群+课堂”的四位一体篮球新媒体教学模式，是通过新媒体和社群关系，将课堂进行延伸，打破了时间和空间的限制，将课堂的教学精髓拍成抖音视频，通过微信群传播给学生，并通过微信群将问题和效果等反馈至课堂；同时微信公众号的内容亦可以作为课堂教学内容的补充，通过微信群传递给学生。

1. 内容创作的层次

第一，高校教师可将微信公众号的内容定位为普及篮球知识、传播篮球文化、激发学生对篮球运动的兴趣的新媒体平台，内容可以全面、丰富、轻松、娱乐化。

第二，将抖音短视频定位为课堂教学补充、其内容创作可在课堂上与学生共同完成，让学生参与视频的录制，提升他们的兴趣点和传播热情。

2. 新媒体教学内容的互动传播

篮球新媒体教学的对象是学生，那么除了要保证新媒体教学内容的质量外，还应重视其在学生中的传播。基于微信群的社群化传播是最为有效和理想的传播媒介，篮球教师可通过面对面建群的方式、或发布群二维码的方式，将选课学生邀请进入篮球互动群。一方面将微信公众号、抖音短视频的内容在微信群中转发；另一方面教师也可以同学生进行实时互动，解答学生提出的问题，分享对某场篮球比赛的评价等。

微信公众号与抖音短视频在新媒体内容上的区分定位实现了互补，又通过学生微信群进行有效的传播和互动，四位一体的篮球新媒体教学模式是值得期待的。

### （二）新媒体教学对篮球教师的新要求

相对于高校传统篮球教学来说，新媒体环境下，事实上对高校篮球教师提出新的要求。

第一，高校篮球教师需掌握一些基础的新媒体技能，能完成微信公众号的多媒体内容发布，以及抖音短视频 APP 的操作。

第二，高校篮球教师应对互联网有所关注，了解最流行的传播媒介，并思考其与篮球结合的可行性。

第三，高校篮球教师应更关注学生的兴趣点，善于与学生进行交流互动，如果可能，不妨将自己打造成校园内的“网红”。

第四，高校篮球教师应更加提升自己的专业水平，以便能更轻松地创作出原创的微信公众号内容。

### （三）教学评价政策保障

高校篮球教师可以先行对篮球新媒体教学进行探索实践，但是这需要投入一定的精力和时间，所以不应让教师仅凭兴趣和热情去完成这件很有挑战的创新工作。学校应积极出台相关政策来鼓励教师进行新媒体教学模式改革尝试，并在教学评价上给予倾斜支持。随着社会和高校越发注重互联网的影响力和传播力，相信有关篮球、体育的新媒体教学也应纳入正式的考核范围，可将发布作品的数量、原创内容的质量通过阅读量、获赞量、转发量、评论量等作为评价指标。只有在政策保障的基础上，高校体育和篮球新媒体教学模式改革才能迸发真正的生机。

虽然高校篮球新媒体教学创新改革尚未实际启动，但是高校篮球新媒体教学是必然的发展趋势。高校篮球教师可向成功的体育自媒体进行借鉴学习，大胆进行探索尝试。

## 第四节　人工智能技术在篮球训练中的创新应用

人工智能是当今社会的热点词，是科技的最新成果研究，人工智能与各个领域都在相互融合，共同进步，不断向科技强国的目标前进，体育与人工智能融合，真正意义上实现体育产业的融合与智能化，形成智慧体育，人工智能在我国篮球领域的引入，不断提高我国篮球水平在国际上的地位，人工智能在篮球领域中的应用必然是我国今后篮球的发展趋势，不断朝着篮球数据化、智能化、科学化方向前进。

## 一、人工智能在体育领域中的应用现状

现代时代信息化与人工智能化的不断发展，我们处于互联网时代最前沿，便捷与科学的生活方式也在不断形成，国家鼓励将人工智能与体育领域紧密联系在一起，国家为推动我国篮球、足球、冰雪等体育项目质量提升，需要我们推进智能制造，让人工智能成为时代最前沿的革新技术，利用人工智能技术实现我国专业篮球领域专业化、智能化，为篮球运动员带来了更加科学合理的训练方式与方法，也不断提升运动员的运动能力。随着当今社会的不断发展，促进了信息技术的发展，将这些相关技术在体育领域中应用，不仅提升了当代体育运用的智能化发展水平，也有效地提升了体育运动成绩，同时也对体育研究和分析起到了促进作用。将人工智能运用到篮球运动中，对提升篮球教学和训练方法起到了重要作用，有效地促进了人工智能在该领域中的运用，为推动篮球运动发展起到了积极的作用。

人工智能是一款新型的智能程序，从目前全球范围来看，人工智能技术发展迅速，而且世界各国在这方面的投资也在不断增加，这在一定程度上促进了该技术的发展，目前该技术已经成为新一代技术革命的标志。就目前来看人工智能发展有非常广泛的前景，随着越来越多的公司进入到该领域中，不仅吸引了大量的资金进入到人工智能领域，也很大程度地促进了这个领域的技术的更新和发展。

在新时代下，人工智能会给人们带来巨大影响，虽然新颖的人工智能，在智能领域是比较高端的，但是已经不再局限于某一方面了，已经逐渐地向着全面智能化方向发展了。篮球运动有一定的独特性，将人工智能应用到篮球训练和比赛中，可以更好地促进该项目的发展。

## 二、人工智能为运动员选材提供准确数据

早期的运动员科学选材是根据项目特征进行选拔，挑选出先天性与后天性都具有发展潜力的运动员。从运动员身体特征方面，运动员身高要高，身体形态结构要匀称，四肢长等。从运动员生理指标方面，运动员的最大摄氧量、呼吸商、心率、血红蛋白含量、肺活量等指标要高。从运动员身体素质方面，篮球运动员要求具有好的弹跳力、爆发力、速度以及灵敏性，能够有效在比赛中发挥进攻防守以及对抗的能力。从运动员技能方面，运动员在训练与比赛中能够及时有效地运用技战术，从心理素质方面，挑选的运动员具有吃苦耐劳的精神，有抗压能力。

随着科技不断地进步，传感器的技术在运动员挑选上起着重要作用，利用传感器识别

功能与测量功能结合，将具体的数据采集下来，通过计算机的处理系统，对采集的数据进行进一步的加工，对所识别运动员外部特征转化为数据可以与优秀运动员数据库进行对比，为运动员的选材提供重要依据，在人才选择上更加科学化，数字化。

## 三、人工智能在篮球训练中的作用

### （一）提高训练效率

篮球训练是爆发力，耐力，速度等综合能力的对抗性的运动，利用自动化所开发的各类器材，穿戴式传感器的出现能够利用传感器的柔性作用紧紧贴合在运动员的身体部位，测量出运动员心率，血压，运动轨迹，疲劳程度等对运动数据进行实时检测，通过互联网云端对数据进行可视化分析，对训练起到不可忽视的作用。可以在篮球比赛中对球员弹跳，冲刺爆发以及各个方面数据进行计算分析，预测球员未来提升空间最大值，估测球员发挥潜力。篮球运动是投篮命中得分的运动，投篮成为篮球运动中得分的核心技术，可以对篮球投篮信息进行采集，检测出运动员实际的投篮角度与投篮力度，将其与标准值进行对比。矫正运动员在投篮过程中出现的问题，进行指导与建议，大大提高运动员投篮命中率。

### （二）伤病检测，降低运动损伤

篮球运动是对抗性运动，在日常训练中，热身不到位造成肌肉拉伤，上篮重心不稳造成脚踝的扭伤等，在训练与比赛中对运动员身体安全造成威胁。可以利用人工智能进行篮球训练动作的采集操作，教练员对错误动作及时做出修正，避免错误动作影响运动员的技术发挥，防止球员身体上的损伤。也可根据训练项目最容易出现损伤进行可视化分析，对于某个项目有较大概率出现教练员合理的安排训练动作，避免出现损伤情况。

### （三）智能场馆，及时调节训练环境

在运动员训练或比赛过程中，温度、湿度、场内光线亮暗程度对运动员的发挥都起着重要作用。温度过低运动员机体体表血管发生收缩，血液黏度增加，血液流通阻力也会增加。运动员在运动时的兴奋性会降低，对机体造成伤害，温度过高可能会导致运动员产生晕厥现象，对运动员身体状况造成很大影响。场内空气质量状况时时刻刻对运动员的身体健康产生影响，场内光线亮度要适宜，过亮过暗会影响比赛与训练的进行，对于对抗性的运动而言，湿度过高不利于运动员汗液的蒸发，运动员的人体机能平衡会遭到破坏，湿度过低，空气中的水分含量少，运动员感到干燥。选用智能化场馆能有效地检测场内温湿

度，场内空气质量状况以及场内光线强度，并对实时场馆环境各项指标进行监控，对于超过正常值的情况，进行场内空气净化与调节，及时为运动员提供适宜的训练环境。

## 四、人工智能技术在竞技比赛中的作用

我国篮球职业联赛 CBA 赛场上出现了各种电子设备，电子大屏幕显示相应场上球员数据，现在 CBA 联赛已经形成了从数据采集、数据分析、数据应用的产业链。利用先进网络搜索，摄像机设备输入，可穿戴设备等一系列数据采集方式，在云端进行储存，对储存数据进行相应的建模与数据挖掘，分析采集数据以及采集数据与数据库设置参数进行比较，运动员是否训练符合标准。

### （一）篮球技术统计为训练工作提供依据

人工智能技术对篮球统计具有重要作用，利用计算机系统通过记录运动员在场上运动员发挥的数据进行计算与分析，最终通过网络传送网站。运用大数据对篮球比赛分析，这是一个非常庞大而又复杂的项目，但是在这方面应用却有很广泛的前景。可以充分分析运动员的动作和习惯，并且对运动员的基本情况和技术水平进行分析，包括对运动员的弹跳和冲刺，以及爆发力和身高等方面的情况，进行全方位的分析，可以更好地预测球员的基本情况，从而选拔优秀的运动员。将球员的评价和大数据链接，可以更好地对球员整体表现进行评价，对球员的价值进行科学评价，通过对基础数据的分析，能够更好地计算出球员的得分情况，以及篮板情况和助攻情况的参数，并将这些数据进行加权计算，得出球员的效率值，这样可以更好地对球员进行横向和纵向比较，从而对运动员有一个客观的评价。

### （二）鹰眼技术提高篮球比赛的公平性和准确性

人们对篮球竞赛的关注度逐渐提高，观看篮球比赛已经成为人们闲暇时刻的娱乐节目，但是赛场中，有时会出现裁判“黑哨”，显然裁判判罚已经成为人们热议的焦点，通过采用鹰眼技术有效地提高比赛的公平性与准确性。

鹰眼系统专业名称为“即时回放系统”，主要是应用于体育赛场中，利用场上的 8 台摄像机快速移动记录运动员在场上的各种动作，能够将球的运行轨迹记录下来。在篮球赛场中，球员会发生各种情况，且发生时间非常快，在赛场上裁判面对发生时间快而产生的比较复杂情形很难在第一时间做出准确判罚，对比赛场上分数造成影响。

利用鹰眼系统，在计算机中能够显示出可能性最大的路线，这项技术实质是利用摄像机进行采集影像，根据拍摄的每帧画面采集球的行动轨迹和落点，再以 3D 模拟技术呈现出球的运行轨迹。采用这项技术准确率高，速度快，能有效地避免裁判的盲区，提高了比

赛中的公正性与公平性。此外，“在视频分析方面，人工智能可以通过比赛视频录像自行通过技战术指标进行比赛场数据记录与分析，减轻人力的工作负担”。① 场上观众与双方球员对球判罚产生疑虑提供根据，对于比赛中产生不合理判罚，裁判员通过鹰眼技术对球员场上每一个细微动作进行评判。

### （三）视觉传感器提高比赛进程中的安全性与专业性

篮球赛场上场运动员不允许携带设备，首饰、手表等一系列的物品，对于穿戴传感器收集数据在篮球赛场上是不可以使用的，在激烈的对抗中，运动员所佩戴的物品可能对自己或者对方球员造成身体上的伤害，缺乏安全性。

基于视觉、光感进行运动员数据追踪工作，赛场上裁判员利用自身观察能力评判场上运动员动作，对于比赛动作评判关键取决于评估者专业能力，往往在比赛过程中，裁判会因为场上情景发生过快，反应速度较慢，从而影响比赛的进程。利用视觉流的算法进行物体的追踪，在比赛赛场中能够估测运动物体之后的运动趋势，裁判能根据物体运动的趋势进行预判，大大提高比赛判罚的准确性。

## 五、人工智能为赛后提供数据依据

比赛后的数据分析是为下一阶段训练奠定基础，教练员与运动员根据比赛后的最终数据统计，找出在比赛过程中存在的问题，找出薄弱的环节，进行反思与改善。首先，在比赛中技术统计，会将每个运动员在比赛中表现，转换成客观数据，根据电子数据，直观明了地发现运动员所存在的问题，训练过程中位置的调整，技战术修正与调整，队友之间相互合作调整；其次，场上的回看视频记录比赛过程中的各种信息，将运动员赛场上每个瞬间记录下来，为教练员及时发现比赛过程中出现各种问题，以及在比赛过程中分析球员上场时间，体力消耗情况、疲劳程度、状态变化情况，鉴别球员在赛场中身心能力发挥情况，提高球员比赛中防守与进攻能力；最后，实时对比自己队与别的队伍之间的一些差距，通过视频的拍摄，为运动员与教练员提供战术与技术的资料，分析对方球员比赛时各项特点，提高自己队伍的各项水平，为下一阶段比赛与训练做好准备。

现在数字化技术不断发展，5G 时代到来，利用数字化技术能够进行实时的赛事转播，如今超清视频在 5G 网络下，腾讯体育软件是观众观看篮球比赛不可缺少的工具，能够给观众提供实时清晰的赛事转播，加强观众对中国篮球了解，以及针对赛场上发生的各种情

---

① 马振嘉. 人工智能在篮球运动中的运用分析［J］. 延安大学学报（自然科学版），2021，40（01）：109.

况，进行评论。观众对球员、裁判员、教练在比赛中及时提出问题，鞭策球员，裁判员和教练提升自身专业知识水平，进一步提高中国篮球技术水平，比赛中优秀的视频能够供广大热爱篮球业余者以及学生进行学习，不断促进我国篮球总体水平。

## 六、人工智能在篮球领域中未来发展趋势

### （一）网络神经算法在篮球领域中的应用

随着时代不断地发展，神经算法从早期能够预测最终比赛结果，在人工智能和计算机系统的融合基础上，对篮球运动训练队的提高预测的准确度，将运动员训练与比赛过程中所有的数据录入到系统中，进行大数据关联操作，对运动员数据进行实时分析，推算出运动员未来的发展状况，指出现阶段运动员存在的问题，提出合理性的建议，提高运动员整体水平。

### （二）篮球边线电子裁判

在篮球比赛中，裁判在比赛中因为自身主观想法对比赛造成一定的影响，电子裁判为辅。目前已经有研究人员提出了对篮球、排球、羽毛球利用电子裁判进行判罚，例如，对于场上篮球越界，电子裁判可以立即进行正确的判罚，通过对系统的设计，当篮球越界时，边线感应系统能够及时地检测到篮球并产生反应，裁判能够及时接收越界的信息，并做出判断。

### （三）篮球专家评判系统

篮球训练与比赛中会出现各种情况，主要是场上的裁判进行判罚，但是对于有争议的球，显然场上的三位裁判对判罚可能会存在一些问题，这就需要大量有经验的专业裁判在面对一些有争议球时进行相关的讨论，得出最恰当的判罚方式，通过场上的通信设备进行传输，将结果通知到场上裁判。

人工智能技术的应用，在我国篮球领域中发挥着重要的作用，能够为我国篮球运动员选材提供更加准确的数据，在运动员训练过程中提高训练效率、伤病检测，有效降低运动损伤，及时调节智能场馆中的各项智能指标，为提高我们国家的篮球训练水平提供了物质上的基础。比赛过程中篮球统计技术为实际训练提供依据，增加篮球比赛的公平性与准确性，视觉检测系统的应用提高比赛中的安全性与专业性；比赛后，人工智能所提供视频依据与可视化分析为运动员下一阶段训练提供依据，未来我国篮球训练与竞赛必将是智能化的发展趋势，不断提高我国篮球领域在国际上的地位。

# 参考文献


[1] 蔡卫清. 转型期我国高校篮球文化传播研究 [J]. 长春师范大学学报，2016，35 (02)：90-92.

[2] 陈生萍. 篮球专项体能训练方法的研究 [J]. 体育世界 (学术版)，2019 (11)：102+101.

[3] 陈烨. 微课在高校篮球教学中应用的可行性探析 [J]. 运动，2015 (22)：93-94.

[4] 代万雷，夏子夜. 基于新媒体的高校篮球教学模式创新研究 [J]. 攀枝花学院学报，2021，38 (03)：106-112.

[5] 杜林阳. 新媒体信息时代下新型高校体育教学改革路径初探 [J]. 中国新通信，2021，23 (19)：223-224.

[6] 范迪峰. 新媒体时代高校篮球教学模式的创新 [J]. 文体用品与科技，2020 (05)：144-145.

[7] 房辉. 基于新媒体的高校篮球教学模式创新探析 [J]. 冰雪体育创新研究，2021 (22)：123-124.

[8] 高国贤，练碧贞，任弘，等. 青少年篮球运动员位置因素实证分析与选材应用 [J]. 体育科学，2017，37 (09)：65-73.

[9] 郭浩. 游戏教学在高校篮球教学中的应用研究 [J]. 当代体育科技，2017，7 (13)：61+63.

[10] 韩朝晖，刘海明. 简论篮球防守战术的教学与训练 [J]. 运动，2017 (11)：85-86.

[11] 韩世昊. 普通高校篮球队区域联防战术的探讨 [J]. 运动精品，2019，38 (11)：8-9.

[12] 韩曦. 基于数据支撑的篮球精准化教学 [J]. 体育视野，2021 (23)：90-92.

[13] 何志敏，张学亮. 自主-合作-探究教学模式在普通高校篮球课中的实践研究 [J]. 内江科技，2013，34 (03)：83-84.

[14] 胡安义. 篮球运动理论与实践研究 [M]. 天津：天津科学技术出版社，2018.

[15] 黄文. 浅谈游戏教学法在体育篮球课堂教学中的应用 [J]. 当代体育科技，2018，8 (07)：130+132.

[16] 姜书静. 人工智能在篮球训练比赛应用与未来发展趋势 [J]. 文体用品与科技，

2021（21）：196-198.

［17］靳厚忠，范宏伟，刘晚玲，等. 高校篮球课程教学改革思考［J］. 体育学刊，2010，17（8）：68-71.

［18］冷晓春. 现代篮球理论教学与训练［M］. 石家庄：河北科学技术出版社，2014.

［19］李承维. 篮球运动教学与训练［M］. 武汉：华中科技大学出版社，2012.

［20］李振义，朱海华. 对篮球运动员专项耐力素质及训练的探讨［J］. 体育世界（学术版），2008（12）：90-91.

［21］刘嘉新，华立君. 篮球运动对青少年体质健康的影响研究［J］. 当代体育科技，2021，11（28）：185-187+204.

［22］刘庆广，霍子文. 关于篮球防守理念发展趋势的思考［J］. 北京体育大学学报，2015，38（02）：122-126.

［23］刘子瑞. 影响高校篮球队伍建设的因素与应对措施［J］. 青少年体育，2017（08）：87-88.

［24］罗源凯，廖志文，彭亮. 篮球教学教改中加强游戏和比赛教学法的运用［J］. 青少年体育，2017（10）：85-86.

［25］马振嘉. 人工智能在篮球运动中的运用分析［J］. 延安大学学报（自然科学版），2021，40（01）：109-112.

［26］齐林，刘政潭，刘志杰. 基于网络的高校篮球教学多媒体课件的研制与应用［J］. 山东体育学院学报，2010，26（2）：86-89.

［27］万小翔. 大学生篮球队建设路径分析［J］. 福建茶叶，2020，42（1）：181-182.

［28］王晶. 多媒体教学在普通高校篮球教学中的对比实验研究［J］. 黑龙江高教研究，2016（8）：168-170.

［29］吴晓敏. 青少年篮球运动员心理素质提升路径探析［J］. 青少年体育，2019（12）：41-42.

［30］谢东伟. 浅析掩护配合在篮球战术中的运用［J］. 体育科技文献通报，2016，24（01）：44-46.

［31］许永刚. 对篮球运动员灵活性与灵敏性研究的综述［J］. 广州体育学院学报，1994（01）：32-39+45.

［32］杨星. 新时期高校篮球教学中虚拟现实技术的应用［J］. 信息记录材料，2020，21（10）：108-110.

［33］姚凌斌，刘潘. 体育训练中人工智能技术的运用［J］. 数据，2021（07）：82-84.

［34］余丁友. 现代篮球运动教学与训练研究［M］. 北京：冶金工业出版社，2019.

[35] 袁炜煜，赵志鹏．微课程在高校体育教学中的应用研究［J］．西部素质教育，2019，5（05）：140.

[36] 张成龙．现代竞技篮球战术训练新思考［J］．广州体育学院学报，2012，32（06）：77-80.

[37] 张松奎，张大中．大学篮球专修教程［M］．徐州：中国矿业大学出版社，2017.

[38] 张伟，肖丰．高校篮球运动教学理论与方法研究［M］．北京：新华出版社，2019.

[39] 张予鹏．普通高校篮球选项课应用自主——探究教学法的探析［J］．山东农业工程学院学报，2016，33（03）：40-43.

[40] 张志扬．游戏教学法在高校篮球教学中的应用初探［J］．内江科技，2021，42（11）：45-46.

[41] 赵毅砥，廖偲，崔曼峰．创新性游戏教学法在普通高校篮球教学中的运用研究［J］．广州体育学院学报，2021，41（03）：104-107.

[42] 周维，丰力．高职院校篮球教学及训练方法的研究［J］．辽宁高职学报，2021，23（04）：62-66.